经合组织
跨国企业负责任商业行为准则

OECD
更好的政策，更美好的生活

2023 年《经合组织跨国企业负责任商业行为准则》的修订内容被《国际投资和跨国企业宣言》[OECD/LEGAL/0144]的加入国政府通过。关于《经合组织跨国企业负责任商业行为准则》的决定[OECD/LEGAL/0307]由经合组织部长级理事会通过。这两份文件的评注得到了经合组织投资委员会的批准。序言由经合组织秘书长负责出版，未必反映经合组织或其成员国政府的官方观点。

本文件及其中所包含的任何地图均不影响任何领土的状态或主权，国际边界或界限的划定，以及任何领土、城市或地区的名称。

引用该出版物的格式为：

OECD (2023), 经合组织跨国企业负责任商业行为准则, OECD Publishing, Paris, https://doi.org/10.1787/12182cb3-zh

ISBN 978-92-64-49516-6 (print)

ISBN 978-92-64-68876-6 (pdf)

本出版物原版为英文:

OECD (2023), *OECD Guidelines for Multinational Enterprises on Responsible Business Conduct*, OECD Publishing, Paris, https://doi.org/10.1787/81f92357-en.

此译文由企业和金融事务总司委托完成，经合组织不保证其准确性。唯一官方版本为英文和/或法语原文。

出版物勘误请参阅以下网页： https://www.oecd.org/about/publishing/corrigenda.htm.

序言

经济合作与发展组织（以下简称“经合组织”或 OECD）《跨国企业负责任商业行为准则》（以下简称《准则》）是各国政府向跨国企业共同提出的建议，旨在加强企业对可持续发展的贡献，并消除商业活动对人类、地球和社会的不利影响。《准则》得到了一个独特的实施机制——负责任商业行为国家联络点（NCP）的支持，该联络点由各国政府建立，旨在进一步提高《准则》的有效性。

自 1976 年推出以来，《准则》不断更新，以适应社会挑战和不断变化的国际商业环境。2023 年的更新反映了自 2011 年上一次修订以来的十多年经验，并对社会和企业面临的紧迫的社会、环境和技术优先事项做出了回应。主要更新内容包括：

- 关于企业与国际商定的气候变化和生物多样性目标保持一致的建议
- 纳入对技术开发、融资、销售、许可、贸易和使用的尽责管理预期，包括收集和使用数据
- 关于企业应如何对与使用其产品和服务有关的影响和业务关系进行尽责管理的建议
- 更好地保护高危个人和群体，包括那些对企业行为提出关切的人
- 关于披露负责任商业行为信息的最新建议
- 将尽责管理建议扩大到所有形式的腐败行为
- 企业确保游说活动符合《准则》的建议
- 加强程序，确保负责任企业行为国家联络点的能见度、有效性和功能等同性

更新工作由加入《经合组织国际投资和跨国企业宣言》的 51 个国家以及参加经合组织负责任商业行为工作组和投资委员会的欧盟共同完成。此次更新工作得到了经合组织工商咨询委员会（Business at OECD）、经合组织工会咨询委员会（Trade Union Advisory Committee to the OECD）以及经合组织观察团（OECD Watch）等机构利益相关方的密切参与，它们代表了全球数百万企业、工人和民间社会成员的观点。该过程还包括两次面向全球感兴趣的利益相关方的公开咨询。

经合组织各机构及其各自的秘书处为《准则》相关专题章节内容的修订提供了意见和贡献，这些机构包括竞争委员会、消费者政策委员会、公司治理委员会、发展援助委员会、数字经济政策委员会、就业、劳工和社会事务委员会、环境政策委员会、金融市场委员会、财政事务委员会、工业、创新和创业委员会、保险和私人养老金委员会、科学技术政策委员会、中小企业和创业委员会、贸易委员会、国际商业交易中的贿赂问题工作组，以及高级廉政官员工作组。

更新工作自始至终得到了经合组织金融和企业事务总司负责任商业行为中心的支持。

目录

Follow OECD Publications on:

https://twitter.com/OECD

https://www.facebook.com/theOECD

https://www.linkedin.com/company/organisation-eco-cooperation-development-organisation-cooperation-developpement-eco/

https://www.youtube.com/user/OECDiLibrary

https://www.oecd.org/newsletters/

国际投资与跨国企业宣言

加入的政府[1]

考虑到：

- 国际投资对世界经济十分重要，而且为加入国的发展做出了巨大贡献；
- 跨国企业在投资过程中起到了重要作用；
- 国际合作可以改善外国投资环境，鼓励跨国企业为经济发展、社会进步和环境保护做出积极贡献，最大限度地减少和解决跨国企业的业务可能造成的困难；
- 借助相互关联的法律文书构成的均衡框架，解决与国际投资和跨国企业有关的问题，从而扩大国际合作的裨益；

宣布：

跨国企业准则

I. 加入国政府共同建议在其领土内经营或来自其领土的跨国企业遵守本书附件 1 列出的各项准则，[2] 并且注意到前言中列出，并构成准则组成部分的各项考虑与理解；

国民待遇

II. 1.根据维护公共秩序、保护核心安全利益以及履行与国际和平与安全有关的承诺的要求，加入国政府应依据本国法律、法规或行政管理办 法，赋予在其领域内经营并由另一加入国政府的国民直接或间接拥有或控制的企业（以下称“外国控制企业”）符合国际法、而且不低于在类似情况下赋予其本国企业的待遇（以下称“国民待遇”）；

2.加入国政府应考虑将“国民待遇”适用于非加入国；

3.加入国政府应努力保证其领土内各级政府执行“国民待遇”规定；

4.本《宣言》不涉及加入国政府对于外国投资的进入或外国企业创办条件的管理权；

相互矛盾的要求

[1] 截至 2023 年 6 月 8 日，所有经合组织成员都是加入国，此外还有阿根廷、巴西、保加利亚、克罗地亚、埃及、约旦、哈萨克斯坦、摩洛哥、秘鲁、罗马尼亚、突尼斯、乌克兰和乌拉圭。欧洲共同体受邀与其职责范围内有关国民待遇的部分进行关联。

[2]《跨国企业负责任商业行为准则》文本复制于本出版物的第一部分。

III. 加入国政府将相互合作，以求避免或最大限度地减少对跨国企业施加相互矛盾的要求，并将考虑到本书附件 2 列出的一般性考虑和实际做法；[3]

国际投资的鼓励和抑制办法

IV. 1.加入国政府认识到在国际直接投资领域加强合作的必要性；

2.加入国政府因此认识到，对于在这一领域内为外国直接投资提供官方奖励办法和抑制办法的专项法律、法规和行政管理办法（以下称"措施"）对加入国政府利益的影响，应给予应有的重视；

认识到有必要适当考虑受到该领域为国际直接投资提供官方奖惩措施的具体法律、规章和行政做法（下称"措施"）影响的加入国政府的利益；

3.加入国政府将努力使这些措施尽可能透明，因而可以明确其重要性和目的，公众可以便捷地获得相关信息；

磋商程序

V. 加入国政府愿意根据理事会的相关决议，就上述事宜进行磋商；

审查

VI.加入国政府将定期审查上述事宜，希望提高加入国政府在与国际投资和跨国企业有关事宜上的国际经济合作效率。

[3]附件 2 见《国际投资与跨国企业宣言》全文，可在此处查阅：https://legalinstruments.oecd.org/en/instruments/OECD-LEGAL-0144

第一部分：《经合组织跨国企业负责任商业行为准则》

文本和评注

序言

1. 《经合组织跨国企业负责任商业行为准则》（《准则》）是各国政府向跨国企业提出的建议。准则》遵守者的共同目标是鼓励企业为经济、环境和社会进步做出积极贡献，并最大限度地减少企业的经营、产品和服务可能对《准则》所涵盖事项所产生的不利影响。负责任的商业行为能够为全球市场创造公平的竞争环境，促进充满活力和运作良好的工商业部门，并增强企业对可持续发展成果的贡献，包括应对气候变化的解决方案。

2. 《准则》是经合组织《国际投资与跨国企业宣言》[OECD/LEGAL/0144]的一部分。《准则》的加入国根据理事会关于《经合组织跨国企业负责任商业行为准则》的决定 [OECD/LEGAL/0307]，做出了具有约束力的承诺，以提高《准则》的有效性。负责任商业行为国家联络点在这方面发挥着核心作用。

3. 《准则》旨在鼓励负责任的贸易和投资，通过在全球所有市场的持续参与和不断改进，使得贸易和投资裨益倍增。国际贸易和投资加强并深化了世界各国和地区之间的联系，产生了社会实现可持续发展成果所需的重大作用，包括创造更多和更好的就业机会、提高技能、提供改善生活水平的产品和服务，以及获得数字和绿色转型所需的资金和技术。

4. 《准则》表达了加入国对在其领土内或来自其领土的企业开展负责任商业行为的共同期望，并为企业和其他利益相关方提供了权威的参考点。《准则》建议企业开展基于风险的尽责管理，以识别、防范、减轻和说明如何处理对《准则》所涵盖事项的实际和潜在不利影响。在这方面，《准则》既补充又增强了私营和公共部门界定和落实负责任商业行为所做的努力。

5. 《准则》为负责任商业行为提供了符合适用法律和国际公认标准的自愿原则和标准。《准则》涵盖的事项可以是国内法律和国际承诺的主要议题。《准则》就负责任商业行为概述的建议可能超出法律对企业的要求范围。政府对企业遵守《准则》的建议有别于法律责任和执法事项。

6. 当跨国企业在开放、竞争和适当监管的市场环境中进行贸易和投资，并且在法制和保护公民空间的背景下开展业务时，它们促进可持续发展的能力能够极大增强。政府在支持《准则》的有效实施方面可以发挥重要作用，包括创造有利的政策环境，推动、支持和促进负责任的商业行为。国家和国际层面的政策一致性可以促进负责任企业行为倡议的协调和一致性。在这方面，政府应巧妙地将各种方法和措施结合起来，其中可能包括强制性以及自愿性的措施、能力建设和其他配套措施。有关负责任商业行为的具体政策、立法和其他措施的设计将取决于各国的政治、行政和法律背景。

7. 国际商业的政治、经济、环境、社会、物质和技术环境正在发生深远而迅速的变化。《准则》自身也在不断发展，以体现这些变化。在过去几十年中，国际贸易和金融在全球经济中所占的份额显著增长。大型企业仍然占据国际贸易和投资的重要份额，而中小型企业的跨境贸易和投资也在增加，这些企业如今在国际市场上发挥着重要作用。跨国企业与国内企业一样，已经演变成包括更广泛的商业安排和组织形式。技术发展以及与供应商和承包商的战略联盟和更密切的关系往往会模糊企业的界限。跨国企业结构的快速演变也反映在它们在新兴和发展中经济体的业务中，这些经济体在跨境贸易和投资中所占的份额不断增加。在新兴市场和发展中经济体，跨国企业已经跨越初级生产和采掘业，向制造、装配、 国内市场开发和服务业领域多元发展。

8. 经济变革的性质、范围和速度给企业及其利益相关方带来了新的战略挑战。竞争激烈的同时，跨国企业面临着各种各样的法律、社会和监管制度环境。许多跨国企业已经证明，尊重高标准的商业行为与企业的增长和盈利能力是相辅相成的。企业越来越多地采用追求可持续发展和支持经济、环境和社会目标协调一致的商业模式。企业还推动有关负责任商业行为的社会对话，并与利益相关方合作，包括在多方利益相关方倡议的背景下，制定负责任的商业行为指南。

9. 1976 年《准则》的通过及随后的更新，反映出对企业遵循负责任商业行为原则和标准的要求不断提高。这一发展的开始可以追溯到国际劳工组织在二十世纪初的工作。联合国于 1948 年通过的《世界人权宣言》是另一个具有里程碑意义的事件。随后，针对负责任的商业行为领域相关标准的许多工作也在不断进行。经合组织通过制定涵盖环境、反腐败、消费者利益、公司治理、科学、技术和创新以及税收等领域的标准，在这一进程中做出了重要贡献。

10. 《准则》仍然是负责任商业行为领域的主要国际文书。《准则》的加入国承诺相互合作，并和其他国家政府合作，与众多用各自的方式朝着相同的目标而努力的企业、工会和其他非政府组织结成伙伴关系，共同推进《准则》的实施。

一、概念和原则

1. 《准则》是各国政府向跨国企业提出的共同建议，提出了符合适用法律及国际公认标准的良好做法的原则和标准。企业自愿遵守《准则》，而非法律强制。然而，《准则》涵盖的某些事项可能要遵守国内法或国际承诺的规定。

2. 遵守国内法是企业的首要义务。《准则》不能替代国内法律法规，也不能凌驾于国内法律法规之上。政府未能恪守与《准则》或其相关国际承诺一致的原则和标准，并不减弱企业应遵守《准则》的期望。尽管《准则》在许多情况下超越了法律的范围，但它们不应也不意图将企业置于面临相互冲突的要求的境地。然而，在国内法律法规与《准则》的原则和标准相冲突的国家，企业应寻求方法，尽量在不违反国内法律的情况下，最大限度地遵守这些原则和标准。

3. 由于跨国企业的业务遍及全世界，这一领域的国际合作应扩展到所有国家。《准则》的加入国鼓励在其领土内或来自其领土的企业在其开展业务的任何地方都遵守《准则》，同时考虑到每个东道国的特定情况。

4. 基于《准则》的目的，不需要对跨国企业做出精确的定义。虽然《准则》允许采用宽泛的方法来确定哪些实体可被视为《准则》所指的多国企业，但企业结构或活动的国际性质及其商业形式、目的或活动是这方面的主要考虑因素。这些跨国企业的业务遍及所有经济部门。它们通常由在一个以上国家设立的公司或其他实体组成，并通过多种不同方式联结以协调业务。虽然其中一个或多个实体可能对集团内其他实体的活动施加重大影响，但在不同的跨国企业内部，各实体享有的自主程度往往大不相同。所有权可以是私有的、国有的或混合的。《准则》适用于跨国企业内部的所有实体（母公司和/或本地实体）。根据企业内部的实际职责分配情况，不同实体之间应相互合作，相互协助，以促进对《准则》的遵守。

5. 《准则》无意对跨国企业和国内企业给予区别待遇，而是向所有企业提出良好做法。为此，凡同时适用于跨国企业和国内企业时，《准则》对于二者的行为基于同样的期望。

6. 各国政府希望尽可能广泛地鼓励企业遵守《准则》。虽然认识到中小型企业可能不具备与较大规模企业相同的能力，但《准则》加入国政府仍鼓励中小型企业尽可能充分地遵守《准则》提出的各项建议。

7. 《准则》的加入国政府不应将《准则》用于保护主义目的，也不应在使用《准则》时招致对跨国企业投资所在国的比较优势的质疑。

8. 各国政府有权依据国际法规定跨国企业在其管辖范围内开展经营必须遵守的各项条件。跨国企业设在不同国家的实体应遵守这些国家适用的法律。在加入国或第三国对跨国企业提出相互矛盾的要求的情况下，鼓励相关国家政府真诚合作，以解决可能出现的问题。

9. 《准则》的加入国政府提出各项准则是基于这样的理解，即政府将履行职责，根据国际法和合同义务公正对待企业。

10. 鼓励利用适当的国际争端解决机制，其中包括仲裁，以作为促进解决企业与东道国政府之间出现的法律问题的一种手段。

11. 《准则》的加入国政府应执行《准则》，并鼓励各方应用《准则》。各国政府应建立“负责任商业行为国家联络点”，负责推广《准则》，并作为讨论与《准则》相关所有事宜的论坛。《准则》加入国政府还将参与相关的审查和磋商程序，解决与《准则》的解释和实施有关的问题，并在不断变化的世界中保持《准则》持续的相关性。

二、一般性政策

企业应充分考虑其开展业务所在国家的既定政策，并考虑其他利益相关方的意见。在这方面：

A. 企业应：

1. 促进经济、环境和社会进步，以期实现可持续发展。
2. 尊重受到企业活动影响的个人的国际公认的人权。
3. 通过与当地社区的密切合作，包括商业利益，鼓励当地的能力建设，并在国内和国外市场开展符合合理商业做法的企业活动。
4. 鼓励人力资本的发展，特别是通过创造就业机会和为雇员接受培训提供便利。
5. 确保游说活动的透明度和诚信度，避免寻求或接受与人权、环境、卫生、安全、劳工、税收、财政激励办法或其他问题有关的法律或制度框架没有规定的豁免待遇。
6. 支持和恪守良好的公司治理原则，制定和推行良好的公司治理做法，包括在企业集团整体范围内。
7. 制定和采用有效的自律做法和管理制度，培养和促进企业与其所在的社会之间的信心和互信关系。
8. 通过适当的公司宣传政策，包括通过培训计划，提高跨国企业雇用的工人对公司政策的认识和遵守。
9. 不对向管理层或在适当情况下向公共主管部门如实举报违反法律、准则或企业政策的行为的员工、工会代表或其他员工代表采取歧视或纪律处分，或以其他方式进行报复。
10. 避免并采取预防措施，防止包括与企业有业务关系的实体关系在内的实体，对可能寻求或已在调查以及提出与企业运营、产品或服务相关的实际或潜在不利影响的任何个人或团体实施报复。这包括营造一种使个人和团体感到能够安全地提出关切的环境，并在相关情况下，当报复发生时就其不利影响提供补救。
11. 开展基于风险的尽责管理，例如将其纳入企业风险管理系统，以识别、防范和减轻第 12 和 13 条所述的实际和潜在不利影响，并说明如何处理这些影响。尽责管理的性质和程度取决于具体情况。
12. 避免通过自身活动对《准则》所涵盖的事项造成或加剧不利影响，并在出现此类影响时加以解决，包括通过提供或合作进行不利影响的补救。
13. 假如不利影响并非因企业所引起，但由于业务关系，这种影响与企业的业务、产品或服务直接相关，则努力防范或减轻不利影响。这样做的目的并不是要将造成不利影响的实体的责任转嫁给与其有业务关系的企业。
14. 除了处理与《准则》所涉事项有关的不利影响外，在可行的情况下，鼓励与企业有业务关系的实体采用与《准则》相符的负责任的商业行为原则。
15. 作为尽责管理的一部分，与相关利益相关方或其合法代表进行有意义的接触，以便有机会就可能对其产生重大影响的、与《准则》所涵盖事项有关的活动考虑其意见。
16. 避免不适当地介入政治活动。

B. 鼓励企业

1. 酌情参与或支持有关负责任的商业行为的私人或多方利益相关方倡议和社会对话，同时确保这些倡议适当考虑到其对发展中经济体的社会和经济影响以及现有的国际公认标准。

第二章评注：一般性政策

1. “一般性政策”是《准则》向企业提出具体建议的第一个章节。这一章的重要性在于为后续章节提出的具体建议定下基调，并确立共同的基本原则。

2. 鼓励企业与政府合作制定和落实政策和法律。考虑社会中其他利益相关方的意见，包括当地社区和受到或可能受到企业活动以及企业利益不利影响的相关方的意见，可以丰富这一过程。还认识到，各国政府在与企业打交道时应保持透明，并且就这些问题征求工商企业的意见。应将企业、社会合作伙伴以及例如民间社会和工会组织等其他利益相关方视为政府的合作伙伴，共同制定和使用自愿办法和监管手段（《准则》是其中之一），落实影响企业行为的各项的政策。

3. 跨国企业的活动与可持续发展之间不应存在任何矛盾，《准则》旨在支持二者的相互补充。事实上，经济发展、社会进步和环境保护之间的相互关联是实现可持续发展目标的重要途径[1]。

4. 第四章详细阐述了第 A.2 款提出的一般性人权建议。

5. 《准则》还承认并且鼓励跨国企业通过在当地社区开展活动，为当地能力建设做出贡献。同样，关于培养人力资本的建议了以前瞻性的方式，明确承认跨国企业为其员工的个人发展做出贡献，这项建议不仅包括征聘做法，同时还提出了培训和其他方面的员工发展。此外，培养人力资本还包括征聘和晋升方法中的不歧视概念、终身学习,以及其他在职培训。

6. 企业自由参与公共讨论。在参与公共宣传时，企业应适当考虑《关于游说活动中的透明和廉正原则的建议》[OECD/LEGAL/0379]，并确保游说活动符合其在《准则》所涉事项上的承诺和目标。各国政府有责任建立与游说公职人员风险相适应的公共廉政框架。《准则》建议，一般而言，在不侵犯企业寻求对法定或监管框架进行变更的权利的前提下，企业应避免求取与人权、环境、健康、安全、 劳工、税收和财政激励措施等问题相关的法定或监管框架中未考虑的豁免待遇。“或接受”的措辞也引起了对国家在提供豁免待遇方面所起的作用的关注。尽管这类规定传统上是针对政府的，但与跨国企业也有直接关系。然而重要的是，在某些情况下，出于合法的公共政策的原因，特定的法律或其他政策提供的豁免待遇可以与这些法律一致。环境和竞争政策章节提供了示例。

7. 《准则》建议企业采用借鉴《二十国集团/经合组织公司治理原则》[OECD/LEGAL/0413]（以下简称《公司治理原则》）的公司治理良好做法。《公司治理原则》呼吁保护股东的权利，方便股东行驶权利，包括公平对待股东。企业应尊重利益相关方根据法律或通过相互协议所享有的权利，并鼓励与之积极合作，共同创造财富和就业机会，实现企业可持续和有韧性地发展。

8. 《公司治理原则》呼吁母公司董事会确保对企业的战略指导，有效监督企业管理情况，对企业和股东负责，同时考虑利益相关方的利益。要履行这些职责，董事会需要确保企业具备健全的会计和财务报告制度，这其中包括独立审计、适当的控制系统，特别是风险管理、财务和业务管控，并且遵守法律和相关标准。

9. 《公司治理原则》适用于企业集团内的上市公司，尽管附属企业的董事会可能根据其注册管辖地的法律承担义务。在可行的情况下，应将合规和控管制度推广到这些附属企业。此外，董事会对治理的监督工作还包括持续审查企业内部结构，确保整个集团内明确划分管理责任。

10. 国有跨国企业与私营企业一样需要遵守同样的建议，但如果国家是企业的最终所有者，公共监督往往会加强。《经合组织国有企业公司治理准则》是专门为这些企业量身定制的实用指南，其中提出的建议可以显著提高治理水平。

11. 政府对于完善法律和制度规范框架负有主要责任，但从商业角度来看，企业有充分的理由落实良好的公司治理做法。

[1] 1987 年世界环境与发展委员会（布伦特兰委员会）为可持续发展下了一个最广泛认可的定义：“在不损害后代满足自身需要的能力前提下满足当代需要的需求”。在这方面，消除全球贫困、保护地球和确保人人享有和平与繁荣的全球目标是一个重要的参照点。

12. 针对企业行为以及商业和社会之间关系的各个方面，出现了越来越多的非政府自律文书和行动网络。金融部门在这方面正在进行一些有趣的发展。企业认识到自身的行为往往会对社会和环境产生影响。企业建立自律实践和管理体系，参与和实现可持续发展目标相关的多利益相关方倡议，从而促进可持续发展，就是一个例证。自律实践和多利益相关方倡议应当具有可信度和透明度。当这些倡议专注于负责任的商业行为尽责管理时，与诸如《准则》等相关国际标准保持一致，可以促进更大的有效性，同时降低参与此类倡议的企业的复杂性和成本。反过来，发展这种实践可以进一步促进企业与其所处的社会之间的建设性关系。尽管企业可以在行业或多利益相关方层面开展合作，但它们仍有责任确保有效开展尽责管理。

13. 根据有效的自律实践，企业自然要提高员工对公司政策的认识。同时，建议采取保障措施，保护善意的“举报”行为，包括保护那些在没有及时采取补救措施或可能面临不利的就业风险的情况下，向有关公共主管部门举报违法行为的员工。这种保护对于第七章讨论的与反腐败有关的内部控制、道德和合规计划以及环境领域的倡议尤其相关，此外也关系到《准则》提出的其他建议。

14. 企业应采取措施创造一个可以安全地表达与其活动或和企业有业务关系的实体的活动相关的不利影响的担忧的空间。避免并采取措施防止使用报复手段，对于保护公民空间，防止对试图或已经调查、表达或报告此类关切的团体和个人造成伤害至关重要。报复行为包括旨在审查、恐吓、伤害或压制批评者的报复性或歧视性行动，如威胁、名誉诽谤、污蔑、骚扰、恐吓、监视、针对公众参与的战略诉讼、试图将合法活动犯罪化、人身攻击和谋杀。

15. 根据《准则》的宗旨，尽责管理被理解企业在决策和风险管理体系整体的组成部分，通过这一过程，企业可以识别、防范、减轻和说明如何应对其实际和潜在的不利影响。《经合组织负责任商业行为尽责管理指南》和经合组织就不同行业的尽责管理指南帮助企业理解和实施《准则》中的尽责管理建议。它们还致力于促进各国政府和利益相关方对基于风险的尽责管理可以促进负责任的商业行为达成共识。为此，《经合组织负责任商业行为尽责管理指南》一个尽责管理框架，并得到了各国政府积极支持和监督的承诺。框架概述了以下措施：1.将负责任商业行为融入政策与管理体系；2.识别和评估与企业运营、产品或服务相关的实际和潜在不利影响；3.终止、防范和减轻不利影响；4.跟踪实施情况与结果；5.沟通如何消除影响；6.适时提供条件或合作开展补救。框架还提出了实施这些措施的实际行动建议。尽责管理指南中提到的各项实际行动并非适合每种情况。

16. 尽责管理可以纳入更广泛的企业风险管理体系内，前提是这不仅仅是为了识别和管理企业自身的重大风险，而是还包括与《准则》所涵盖事项有关的不利影响的风险。潜在的影响应通过防范或减轻来应对，而实际的影响要通过补救来解决。如第 A.12 款和 A.13 款所述，《准则》涵盖内容所涉及的不利影响是由企业造成或助长的， 或者是和业务关系的经营、产品或服务直接相关的。尽责管理可以帮助企业避免这些不利影响的风险。在本建议中，"助长 "不利影响应解释为实质性助长，意味着已经造成、促进或激励另一实体造成不利影响，而不包括轻微或微不足道的助长作用。企业与不利影响的关系并非静止不变的。这种关系可能发生变化，例如随着情况的变化，并取决于开展的尽责管理和为消除已识别的风险和影响而采取的措施，在何种程度上降低影响发生的风险。

17. “业务关系”一词包括与业务伙伴、分包商、特许经营加盟商、被投资公司、客户、合资伙伴的关系，以及在供应链中提供产品或服务以支持企业自身经营、产品或服务的实体，或者从企业接收、许可、购买或使用产品或服务的实体，还包括与企业经营、产品或服务直接相关的任何其他非国家或国家实体的关系。当企业与出于与企业、商业或政府活动无关的目的自然人消费者个体产生联系，这种关系一般不不被视为《准则》中所指的“业务关系”，尽管企业可能会对这种关系造成的不利影响起到推波助澜的作用。业务关系超越合同关系、“第一层”或直接关系。与企业有业务关系的实体可能是也可能不是在加入国经营或者来自加入国。企业识别、防范和减轻第 A.11 款所述实际和潜在不利影响的能力，可能因不同类型的业务关系以及其他因素而有所不同，包括评注第 24 条所述的因素。

18. 第 A.11 款中的建议适用于《准则》所涵盖与企业经营、产品和服务相关的不利影响有关的事项。在整个《准则》中，与尽责管理相关的建议应根据第 A.11-13 款和相关评注来理解。

19. 尽责管理的性质和范围，例如应采取的具体步骤，将受到企业经营环境、《准则》中的具体建议等因素的影响，应与企业的规模、与不利影响的关联程度和不利影响的严重程度相称。因此，企业采取的尽责管理措施应当基于风险，与不利影响的严重性和可能性相称，并与企业所处的背景相适应和成比例。

如果不能一次性消除所有已识别的影响，企业应根据不利影响的严重性和可能性对需要采取的行动进行优先级排序。

20. 《准则》认识到，对大多数企业而言，评估或接触与之有业务关系的所有实体可能并不可行。在企业拥有大量供应商和其他业务关系的情况下，鼓励企业识别不利影响风险最大的一般领域，并在风险评估的基础上，根据评注第 19 条中概述的措施，优先对这些领域开展尽责管理。与企业的产品或服务相关的基于风险的尽责管理应考虑到与根据产品或服务的预期用途或可以合理预见的不当使用或滥用的情况下，可能产生的不利影响。与具体问题相关的尽责管理具体建议见相关章节。

21. 如果企业造成或可能造成不利影响，则应采取必要措施终止或防范这些影响。

22. 如果企业助长或可能助长不利影响，则应采取必要步骤，终止或防范造成不利影响，并利用其影响力，尽可能地减轻任何剩余影响。在企业有能力改变造成损害的实体的不当做法地情况下，可以认为其具有影响力。

23. 《准则》承认，不应将造成不利影响的实体的责任转嫁给与其有业务关系的企业。在这方面，如果一个企业通过业务关系与不利影响直接相关，但并没有造成或助长不利影响，就没有责任提供补救措施，尽管其可以在补救中发挥作用，例如通过单独或与其他实体合作，让造成不利影响的实体防范、减轻或补救这些不利影响。如果企业没有足够的影响力，则应当考虑如何提高其影响力。企业可通过多种方式利用或增强影响力，以影响与之有业务关系的实体，例如：通过支持、培训和能力建设；敦促它们预防和/或减轻不利影响；将负责任商业行为尽责管理的期望明确纳入商业合同（如管理合同、潜在供应商资格预审要求、投票信托、许可或特许经营协议）；将商业激励措施与负责任商业行为绩效挂钩；就负责任商业行为问题与监管机构和政策制定者进行接触；在不尊重负责任商业行为的期望的情况下，表达以负责任的方式解除合同的可能性；与其他企业合作（在行业、风险或国家层面），以凝聚影响力并实施负责任商业行为的共同标准。对确定已识别的风险采取适当应对措施有关的其他因素还包括不利影响的严重性和可能性，以及供应商对企业的关键程度。

24. 《准则》承认，企业在改变与其有业务关系的实体的行为方面所拥有或可能建立起来的影响力存在实际限制。这些限制与产品和/或服务的特点、供应商和其他业务关系的数量、供应链的结构和复杂性，或者业务关系的性质或相关的不利影响有关。例如，在某些情况下，一旦提供了服务或销售或再销售了产品，企业监测其影响力或发挥或建立影响力的能力就会减弱。在这种情况下，努力识别实际和潜在影响，并在销售之前和销售时采取防范或减轻的行动可能尤为重要。

25. 对业务关系的适当应对措施可包括：在减轻风险的过程中继续保持关系；在减轻风险的同时暂时中止关系；或者，作为最后的手段，在减轻风险的努力失败后，或在企业认为减轻风险不可行的情况下，或由于不利影响的严重性，终止业务关系。如果企业能够继续保持关系，并随着时间的推移展示出现实的改善前景或实际的改善，这种做法通常比接触关系更可取。企业还应考虑到与解除关系的决策相关的潜在社会、环境和经济不利影响。在决定解除关系时，企业应以负责任的方式行动，包括及时与有关的利益相关方进行有意义的磋商，尽可能地采取合理和适当的措施，防范或减轻与解除关系有关的不利影响。

26. 企业还可以与供应商和与之有业务关系的其他实体合作，通过人员培训和其他形式的能力建设改善它们的表现，并支持将符合《准则》的负责任商业行为原则融入其业务实践。在这方面，与有业务关系的中小型企业接触并为其提供支持尤为重要。如果与企业有业务关系的实体可能面临强加的，例如来自不同买家或服务提供商相互冲突的要求，在适当考虑反竞争问题的前提下，鼓励企业与其他企业一起参与行业层面的合作，包括通过信息共享，以协调尽责管理政策和风险管理策略。

27. 鼓励企业参与有关负责任商业行为的私营领域或多方利益相关方倡议和社会对话，例如根据理事会关于《经合组织跨国企业负责任商业行为准则》的决定（包括其所附程序）所开展的活动。

28. 有意义的利益相关方参与是尽责管理过程的关键组成部分。在某些情况下，利益相关方的参与本身也是一种权利。利益相关方的参与是指通过会议、听证会或意见征询会等方式，与有关的利益相关方进行互动的过程。有关利益相关方是指拥有与《准则》所涵盖事项有关的权利或利益，并实际或可能受到企业运营、产品或服务有关的不利影响的个人或群体，或其合法代表。企业可以优先考虑与受影响最严重或最可能受影响的利益相关方进行接触。对利益相关方的影响程度可作为参与程度的参考。有意义的利益相关方参与是指利益相关方的持续参与，这种参与是双向的沟通，由双方参与者真诚地进行，并对利益相关方的意见做出回应。为确保利益相关方的参与是有意义和有效的，确保利益相关方参与的及时性、可及性、适当性和安全性非常重要，并应识别和消除与处于弱势或边缘地位的利益相关方接触的潜在障碍。《经合组织负责任的商业行为尽责管理指南》和经合组织对特定行业的具体指南包括了对企业开展利益相关方参与的实际支持，包括将其作为企业尽责管理过程的一部分。这种参与在有关项目或活动的规划和决策中特别重要，例如，对土地或水资源的密集利用，可能会对当地社区产生重大影响。

29. 最后，值得注意的是，自律倡议和其他类似举措，包括《准则》，不应非法限制竞争，也不应被视为政府有效法律和监管的替代品。跨国企业在制定相关准则和自律实践制度时，应避免产生扭曲贸易或投资的潜在影响。

三、信息披露

1. 企业应考虑所在国家和行业的既定信息披露政策，并考虑股东和其他相关利益方的意见和信息需求。企业应定期、及时、可靠、清晰、完整、准确和可比较地披露有关所有重大事项的充分详细的信息。信息的披露应涉及企业的整体情况，在适当的情况下，应包括业务范围或地理区域分布的信息。企业的信息披露政策应适合企业的性质、规模和所在地，并且适当顾及成本、商业秘密和其他竞争方面的考虑。

2. 企业的披露政策应包括但不限于以下方面的重要信息：

a） 企业的财务和经营结果；

b） 企业目标和与可持续发展相关的信息；

c） 资本结构、集团结构及其控制机制；

d） 主要股权，包括实际所有人和投票权；

e） 董事会及其成员的信息，包括他们的资质、遴选过程、在其他企业董事会的任职情况，以及董事会是否将其视为独立董事；

f） 董事会成员和主要管理人员的薪酬；

g） 关联方交易；

h） 可预见的风险因素；

i） 治理结构和政策，包括遵守国家公司治理准则或政策的程度，以及这些准则或政策的实施过程；

j） 债务合同，包括不履行契约的风险。

3. 同样重要的是，企业还应该沟通负责任商业行为的信息，作为尽责管理过程的一部分。这些信息中的一些也可能在第 2 条所列举内容中具有重要性。负责任的商业行为信息可包括：

a） 用于公开披露的价值声明或商业行为声明，包括阐明企业就《准则》所涵盖的负责任商业行为方面的原则和标准做出的承诺，以及实施尽责管理的计划；

b） 企业遵守的政策和其他行为守则，这些文件的通过日期，以及适用的国家和实体；

c） 将负责任的商业行为政策纳入企业管理和监督机构而采取的措施的信息；

d） 企业识别的重大影响或风险领域，已识别、优先考虑和评估的不利影响或风险以及优先级标准；

e） 与第 3(a)款的说明和(b)款的守则相关的表现，包括为防范或减轻第 3(c)款和(d)款所识别的风险或影响而采取的措施，在可能的情况下估计的改进时限和基准以及结果，包括企业提供或合作提供的任何补救措施；

f） 有关内部审计、风险管理和法律合规系统的信息；

g） 与员工和其他利益相关方之间关系的信息；

h） 根据第四章和第六章提供的负责任商业行为信息披露的建议，提供补充信息。

4. 企业应按照国际公认的会计和披露标准编制和披露信息，避免公布不充分或不明确的信息。年度外部审计应由独立、称职和合格的审计师按照国际公认的审计、道德和独立性标准进行，以便向董事会和股东合理保证其财务报表在所有重要方面均按照适用的财务报告框架编制。为提高负责任商业行为信息的可信度，企业可寻求对此类信息进行外部鉴证。

第三章评注：信息披露

30. 本章的目的是帮助建立跨国企业运营的透明度和问责制。清晰和完整的企业信息对各种用户都很重要，包括股东、潜在投资者和金融界，以及工人、当地社区、特殊利益群体、政府和整个社会。为了使公众更好地了解企业的结构和活动，了解企业在环境、社会和治理方面的政策和表现，企业的运作应该透明，并对公众日益复杂的信息需求作出相应。

31. 第一组披露建议与《二十国集团/经合组织公司治理原则》[OECD/LEGAL/0413]中概述的披露项目相同。其相关注释提供了进一步的指导，《准则》中的建议应结合这些注释来理解。第一组披露建议主要针对上市公司和与企业有关的所有重要事项。重要信息可定义为可以合理预期会影响投资者对企业价值评估的信息的疏漏或失实陈述。这通常包括公司未来现金流的价值、时机和确定性。重要信息还可以定义为理性投资者在做出投资或投票决定时会考虑的重要信息。如果这些披露建议根据企业的性质、规模和地点被认为是适用的，它们也可以成为改进非上市企业（例如私人控股或国有企业）公司治理的有用工具。这组披露建议要求提供关于公司所有重要事项的定期、及时、可靠、清晰、完整、准确和可比较的信息，包括企业的财务状况、业绩、可持续性、所有权和治理情况。有关董事会和高管薪酬的信息也是股东关心的问题，包括薪酬与企业长期业绩、可持续性和抗风险能力之间的联系。企业还应及时披露相关信息，包括董事会成员和主要管理人员薪酬政策的重大变化，以标准化和可比较的方式披露薪酬水平或金额，以便投资者评估薪酬计划的成本和效益，以及股票期权计划等激励计划对业绩的贡献。重要的关联方交易和可预见的风险因素是应当披露的其他相关信息。

32. 《准则》包括关于负责任商业行为信息的第二组披露建议，包括企业对人、环境和社会的实际或潜在不利影响，以及相关的尽责管理过程，这些信息可能对投资者的决策具有重要意义，也可能与更广泛的利益相关方有关，包括工人、工会代表、当地社区和民间社会等。在信息披露方面，如第 3 条所述，尽责管理过程可以是企业确保它们以一致、可信的方式有效识别和沟通相关的负责任商业行为信息的有用手段，包括可能的重要信息。通过这种方式，尽责管理可以帮助企业识别重大风险和影响，提高第 2 和第 3 条规定的信息披露的相关性、质量和可比性。此外，尽责管理过程还可以作为确保企业诚信地披露与其目标和承诺相关的信息的一种方法，而这些目标和承诺可能并不存在明确可识别或可衡量的指标。一些司法辖区允许或要求考虑利益相关方的利益，许多企业提供了比财务绩效更广泛的信息，通过这些信息，企业可以展示对更广泛的负责任商业行为的承诺和表现。第二组信息披露的类型，或者说是与受到企业的活动或业务关系直接影响的各方所进行的沟通，可能涉及企业财务报表范围以外的实体。例如，它也可能包括分包商、供应商、合资伙伴或与企业有业务关系的其他方面的信息。

33. 第 2 条和第 3 条中的两组披露建议是相互关联的，有些信息可能和两者都有相关性。为了确定第 2 条下应披露哪些信息，《准则》使用了"重要性"的概念。第 2 条涉及的信息，包括与负责任的商业行为问题和尽责管理有关的信息，如果可合理地预期其遗漏或错报将影响投资者对企业价值、企业未来现金流的时间和确定性的评估，或影响投资者的投资或投票决定，也可被视为重要信息。决定哪些信息是重要的可能会随时间推移、当地情况、企业具体情况和法律要求而有所不同。财务信息的用户和市场参与者需要了解可合理预见的重大风险的信息，这些风险可能包括：企业所处行业或地理区域特定的风险；对大宗商品和供应链的依赖；金融市场风险，包括利率或货币风险；与衍生工具和资产负债表外交易有关的风险；商业行为风险；数字安全风险；合规风险；以及可持续发展风险，特别是与气候有关的风险。一些司法辖区可能还要求或建议披露对企业员工和主要利益相关方至关重要的可持续性事项，或企业对不可分散风险的影响。

34. 关于第 3 条涉及的披露信息，看似不具有财务重要性，但与人类和地球相关的风险和影响可能在某一时刻对企业具有财务重要性。

35. 本章和整个《*指南*》中的披露建议不应给企业带来不合理的行政或成本负担。也不应要求企业披露可能危及其竞争地位的信息，除非披露信息是充分告知投资者决策和避免误导投资者所必需的。

36. 信息的编制和披露应符合国际公认的会计和披露标准。年度外部审计应由独立、称职和合格的审计师按照国际公认的审计、道德和独立性标准进行，以合理保证财务报表是否在所有重要方面都是按照适用的财务报告框架编制的。

37. 许多企业采取了旨在帮助它们遵守法律和商业行为标准的措施，并提高其运营的透明度。越来越多的企业发布了自愿性的企业行为准则，表达了对环境（包括气候变化）、生物多样性、人权、劳工标准、消费者保护或税收等领域的国际标准或道德价值观的承诺。专门的管理系统已经或正在开发，并在继续发展，目的是帮助它们遵守这些承诺--这些涉及信息系统、操作程序和培训要求。

38. 企业可能需要根据监管机构或上市机构规定的更广泛的披露标准进行报告，在符合司法管辖区的法律和披露要求的情况下，应寻求采用新出现的全球最佳实践和不断发展的披露标准，例如气候和排放方面的标准，并与之保持一致。企业正在与非政府组织和政府间组织合作制定报告标准，以提高企业沟通其活动如何影响可持续发展成果的能力。

39. 鼓励企业积极、主动地沟通负责任的商业行为的相关信息，提供易于获取、便于使用、 及时、准确、清晰和完整的信息，提供经济实惠地获取已发布信息的途径，并考虑利用信息技术来实现这一目标。向本国市场用户提供的信息也应向所有感兴趣的用户提供，并考虑到可获取性。企业应努力确保为不同的目标受众提供适当的信息，并可以采取特殊措施，向无法使用线上或印刷媒体的社区（例如，受企业活动直接影响的偏远或贫困社区）提供信息。

40. 由独立、有能力和有资质的实体根据国际公认的核查标准对负责任的商业行为信息进行检验，可以证实所披露的信息并增强对信息的信心，有助于提高报告的质量和可比性。

四、人权

国家有责任保护人权。在国际公认的人权、经营所在国的国际人权义务和有关国内法律法规的框架内，企业应：

1. 尊重人权，这意味着企业应避免侵犯他人的人权，并应解决其所涉及的对人权的不利影响。
2. 在企业自身活动范围内，避免导致或促成对人权的不利影响，并在出现这些影响时予以解决。
3. 设法防范或减轻通过业务关系与其业务、产品或服务直接相关的对人权的不利影响，即使其没有促成这种影响。
4. 制定公开的尊重人权的政策承诺。
5. 开展适合其规模、业务性质、背景以及对人权不利影响风险的严重程度的人权尽责管理。
6. 一旦发现造成或促成对人权的不利影响，在纠正这种不利影响的过程中，通过合法途径提供补救或予以合作。

第四章评注：人权

41. 本章首先介绍了关于企业尊重人权的具体建议的框架，借鉴了联合国“保护、尊重、补救”的工商企业与人权框架指导原则，并在实施中与《工商企业与人权指导原则》以及国际劳工组织《关于多国企业和社会政策的三方原则宣言》相一致。

42. 起首部分和第 1 条承认，各国有责任保护人权，企业无论其规模、行业、经营环境、所有权和结构，无论在何处开展业务，都应尊重人权。尊重人权是对企业预期行为的全球标准，不依赖国家履行其人权义务的能力和/或意愿，也不会削弱这些义务。

43. 国家没有执行其国内相关法律或履行国际人权义务，或事实上行事违反了这些法律或国际义务，并不会削弱对企业尊重人权的期望。在国内法律法规与国际公认的人权产生冲突的国家，企业应根据第一章“概念和原则”第 2 条的规定，设法在避免违反国内法律的情况下，最大限度地遵守人权义务。

44. 在所有情况下，无论企业经营所在的国家或具体背景如何，都应至少参照《国际人权宪章》所列出的国际公认的人权。《国际人权宪章》包括《世界人权宣言》及其编纂时参考的以下主要文书：《公民及政治权利国际公约》、《经济、社会、文化权利国际公约》，还应参考国际劳工组织《关于工作中的基本原则和权利宣言》所载的基本权利原则。

45. 企业可能会对所有国际公认人权的各个方面产生影响。在实践中，在特定行业或背景下，某些人权可能比其他人权面临更大的不利影响风险，因此将成为高度关注的焦点。但情况可能会发生变化，因此所有权利都应接受定期审查。根据具体情况，企业可能需要考虑更多标准。例如，企业应尊重特定群体或需要特别关注群体的个人的人权，因为企业可能会对这些人的人权造成不利影响。企业应特别关注对例如人权维护者等可能因边缘化、脆弱性或其他情况而面临更大风险的群体和个人的不利影响，包括是个人或是作为某些群体或人口（包括土著人民）的成员。经合组织尽责管理指南，包括《经合组织负责任商业行为尽责管理指南》、《经合组织采掘业利益相关方有意义参与尽责管理指南》和《经合组织-粮农组织负责任农业供应链指南》在这方面提供了进一步的实用指南，包括与自由、事先知情同意（FPIC）有关的指南。联合国文书详细阐述了土著人民的权利（《联合国土著人民权利宣言》）、在民族或族裔、宗教和语言上属于少数群体的人、妇女、儿童、残疾人、以及移徙工人及其家属的权利。此外，在武装冲突情况下，企业应尊重国际人道主义法的标准。在武装冲突或严重侵权风险增加的情况下，企业应加强对不利影响的尽责管理，包括违反国际人道主义法的行为。

46. 在第 1 条中，要解决对人权的实际和潜在的不利影响，包括采取适当措施，在可能的情况下识别、防范和减轻对人权的潜在影响，补救实际影响，并解释如何消除对人权造成的不利影响。“侵权”一词是指企业可能对个人人权产生的不利影响。

47. 第 2 条建议企业通过自身活动避免造成或促成对人权的不利影响，并在影响发生时予以解决。“活动”包括采取行动和不作为。当企业造成或可能造成对人权的不利影响时，应采取必要措施，停止或防止这种影响。当企业促成或可能促成这种影响时，则应采取必要措施，停止或防止其促成作用，并利用自身影响力，最大限度地减轻其余地任何影响。如果企业有能力改变对人权造成不利影响的实体的做法，则认为存在影响力。

48. 第 3 条涉及更复杂的情况，企业没有促成对人权的不利影响，但由于企业与另一实体的业务关系，这种不利影响也企业的经营业务、产品或服务直接相关。第 3 条无意将责任从造成人权不利影响的实体转嫁到与之有业务关系的企业。要满足第 3 条的提出的期望，企业必须独自或和其他实体合作，酌情利用并在必要时加强自身力量去影响造成人权不利影响的实体，以防止或减轻这种影响。“业务关系”包括与商业合作伙伴、供应链中的实体、以及与其经营业务、产品或服务直接相关的任何其他非国家或国家实体的关系。在这种情况下，采取适当行动的决定因素包括企业对所涉及实体的影响力、与企业关系的重要性、影响的严重程度、以及终止与相关实体的关系本身是否会对人权造成不利影响。

49. 第 4 条建议企业通过公开的政策声明表达其尊重人权的承诺，政策声明应：(1)获得企业最高层批准；(2)借鉴相关的内部和/或外部专业知识；(3)规定企业对直接关系到其经营业务、产品或服务直接相关的员工、商业伙伴及其他各方的人权期望；(4)对内对外传达给所有员工、商业伙伴和其他有关各方；(5)反映在必要的运营政策和程序中，使其在整个企业中贯彻。

50. 第 5 条建议企业开展人权尽责管理。这一过程需要评估实际和潜在的人权影响，综合评估结果并采取相应行动，追踪应对措施，并沟通消除影响的处理情况。可以将人权尽责管理纳入更广泛的企业风险管理系统，前提是这不仅限于识别和管理企业本身面临的重大风险，还要包括权利持有人面临的风险。这是一项持续性的工作，要认识到随着时间的推移，企业运营和经营环境的会不断变化，人权风险业可能随之而改变。关于尽责管理的更多指导，包括与供应链的关系以及对供应链产生风险的适当回应，见“一般政策及其评注”一章第 A.11 款至 A.13 款。此外，通过针对具体行业和风险问题以及跨行业的《经合组织负责任商业行为尽责管理指南》，提供了进一步的指导意见。开展人权尽责管理可能需要考虑不同的交叉风险，包括与个体特征或弱势或边缘化群体有关的风险。在这方面，进行有意义的利益相关方参与很重要，也可能需要考虑如何最大程度地实现这些群体的可持续发展成果。

51. 假如企业通过人权尽责管理或其他手段确定已经造成或促成了不利影响，《准则》建议企业通过合法程序提供或合作进行补救。企业应建立或参与能够开展补救的过程。某些情况下，需要与司法或国家的非司法机制开展合作。在其他情况下，针对企业活动的潜在受影响者提供运营层面的申诉机制，是开展这一进程的有效手段，但这些机制需要符合以下核心标准：合法性、可得性、可预测性、公平性、与《准则》的兼容性、透明度、权利兼容性、作为持续学习的参考、基于对话和参与，以寻求商一致的解决方案。这类机制可以由企业单独管理，也可与其他利益相关方合作管理，可以作为持续学习的参考。运营层面的申诉机制不应该被用来削弱工会在解决劳资纠纷方面的作用，也不应排除诉诸司法或非司法申诉机制的机会，包括《准则》提出的国家联络点。

五、就业和劳资关系

企业应在适用法律、法规、通行的劳资关系和雇用惯例以及适用的国际劳工标准的框架内，避免任何非法雇佣和劳资关系的做法，并根据第二章和第四章所述的尽责管理期望：

1.

a）尊重工人组建或加入自己选择的工会和代表组织的权利，包括避免干涉工人组建或加入自己选择的工会或代表组织的决定。

b）尊重工人为集体谈判的目的而承认其所选择的工会和代表组织的权利，单独或通过雇主协会与这些代表进行建设性磋商，以便就雇用条件达成协议。

c）为切实废除废工做出贡献，立即采取有效措施，确保作为紧急事项，禁止和消除最恶劣形式的童工劳动。

d）为消除所有形式的强迫劳动或强制劳动做出贡献，立即采取有效的紧急措施，消除强迫劳动或强制劳动。

e）在经营过程中始终遵循就业机会和待遇平等原则，不以种族、肤色、性别、年龄、宗教、政治观点、国籍或社会出身、残疾或其他状况，在就业和待遇方面对员工实施歧视，除非有关员工特点的选择性做法是为了推动政府旨在促进就业机会平等的既定专项政策，或是关系到某一工作岗位的特定要求。

f）根据国际劳工组织《关于工作中的基本原则和权利宣言》，提供安全、健康的工作环境。

2.

a）向工人代表提供必要的便利，协助达成有效的集体协议。

b）向工人代表及时提供切实开展雇用条件谈判所需要的信息。

c）向工人及其代表提供使其能够真实、公正地了解实体或企业整体（如适用）业绩的信息。

3. 通过合法的程序、结构或机制，促进雇主与员工及其代表在共同关心的事宜上开展进行磋商与合作。

4.

a）在整个运营过程中遵守就业、合同安排和劳资关系的标准。

b）跨国企业在其他国家开展业务，其提供的工资、福利和工作条件不应低于东道国同类雇主所提供水平。在没有可比雇主的情况下，企业应在政府政策和适用的国际标准框架内，尽可能提供最好的工资、福利和工作条件。这些条件应与企业的经济地位相关，但至少应足够满足工人及其家庭的基本需要。

c）保持最高的工作安全和健康标准。

5. 在运营过程中，在实际可行范围内应尽可能多地雇用当地人员，并与工人代表以及在适当情况下与相关政府主管部门合作提供培训，以提高技能水平。

6. 在考虑对就业产生重大影响的业务变化时，特别是在关闭某些实体或将涉及集体解雇或遣散的情况下，应将这一变化合理地通知受影响的员工代表和员工组织，并在适当情况下通知有关政府主管部门，并与员工代表和有关政府部门合作，以期最大程度地缓解实际不利影响。根据每一个案的具体情况，恰当的做法是管理层在做出最终决定之前发出通知。还可运用其他手段进行有效合作，以缓解此这些决定的造成的影响。

7. 在与工人代表进行有诚意的雇用条件谈判时，或是当工人行使集社权利时，不应威胁将某一业务部门的整体或部分从有关国家迁出，也不应威胁从企业在其他国家的组成实体调入工人，以对谈判施加不公正的影响或是阻碍工人行使集社权或集体谈判权。

8. 允许受雇工人的授权代表能够进行集体谈判，或是就劳资关系问题进行谈判，并允许各方就共同关心的事宜与得到授权可就此类问题做出决定的管理层代表进行协商。

第五章评注：就业和劳资关系

52. 本章开头提到“适用的”法律法规，意在承认跨国企业在特定国家的管辖范围内开展业务时，可能会需要遵守国家和国际层面的就业和劳资关系的相关规定。“通行的劳资关系”和 “雇用惯例”的措辞足够宽泛，可以根据不同的国情做出多种解释，例如，根据国家法律法规为工人提供不同的谈判选择。

53. 国际劳工组织（ILO）是制定和处理国际劳工标准以及促进《关于工作中的基本原则和权利宣言》所承认的工作中的基本权利的主管机构。《准则》作为不具法律约束力的文书，在促进跨国企业遵守这些标准和原则方面发挥着作用。《准则》各章节的规定与国际劳工组织的《关于工作中的基本原则和权利宣言》以及《关于多国企业和社会政策的三方原则宣言》（简称国际劳工组织《多国企业宣言》）相呼应。国际劳工组织《多国企业宣言》提出了就业、培训、工作条件和劳资关系方面的原则，而经合组织《准则》则涵盖了企业行为的所有主要方面。经合组织《准则》和国际劳工组织《多国企业宣言》涉及对企业行为的预期并行不悖。因此，国际劳工组织的《多国企业宣言》有助于理解《准则》，后者在某些方面阐述得更为详尽。然而，国际劳工组织《多国企业宣言》和经合组织《准则》的后续程序责任在制度上是分开的。

54. 第五章使用的术语与国际劳工组织《多国企业宣言》中使用的术语一致。即使在没有雇用关系的情况下，企业仍应按照关于第二章“一般政策”第 A.11 款至 A.14 款中基于风险的尽责管理和供应链建议采取行动。在非正式岗位、短期工作安排、体面工作条件不足和数字化转型更为常见的行业，这一点尤为重要。

55. 这些建议并不干涉真正的民事和商业关系，而是旨在确保处于雇用关系中的个人的到《准则》规定的应有保护。

56. 本章第 1 条呼应了国际劳工组织《关于工作中的基本原则和权利宣言》中所载的所有基本原则和权利，即结社自由和集体谈判的权利、切实废除童工、消除一切形式的强迫劳动或强制劳动、以及就业和职业中的不歧视，促进安全和健康的工作环境。这些原则和权利在国际劳工组织公认为基本的公约中以具体权利和义务的形式建立起来。

57. 第 1c 款建议跨国企业为切实废除国际劳工组织《关于工作中的基本原则和权利宣言》要求的切实消除童工现象做出贡献。长期以来，国际劳工组织关于童工问题的重要文书有包括 1973 年通过的关于最低就业年龄的 138 号公约和第 146 号建议书，以及关于最恶劣形式童工的第 182 号公约和第 190 号建议书。通过劳动管理实践，创造高质量、高薪酬、体面的工作和促进经济增长，企业可以在帮助从根本上解决贫困问题特别是童工问题方面发挥积极作用。必须承认并鼓励跨国企业在寻求童工问题持久解决方案方面的作用。在这方面，提高东道国儿童的教育水平尤为重要。

58. 第 1d 条）建议企业为消除一切形式的强迫劳动和强制劳动做出贡献，这是源于国际劳工组织《关于工作中的基本原则和权利宣言》的另一项原则，也是《公民权利和政治权利国际公约》（ICCPR）承认的免受强迫和强制劳动的人权。这项核心劳动权利的依据是国际劳工组织 1930 年第 29 号公约及其 2014 年议定书，以及 1957 年第 105 号公约。第 29 号公约呼吁各国政府“在尽可能短的期间内禁止使用一切形式的强迫或强制劳动”，而第 105 号公约则呼吁各国政府“禁止和不使用任何形式的强迫或强制劳动”，以实现特定的目的（例如作为政治胁迫或劳动纪律的手段），并“采取有效措施确保立即和彻底废除强迫或强制劳动”。与此同时，理解国际劳工组织是处理监狱劳动等棘手问题的主管机构，尤其是在涉及将囚犯雇用给（或交由）私人、企业或协会处置的情况。企业应采取必要措施防止人口贩运，包括以强迫劳动为目的的人口贩运，并解决包括债务奴役在内的胁迫手段问题。企业应响应国际劳工组织《强迫劳动指标》中规定的指标，并提高为解决与其业务、产品和服务相关的强迫劳动风险所采取的行动的透明度。

59. 第 1e）条提到的就业和职业方面的非歧视原则被认为适用于雇用、工作分配、解雇、薪酬和福利、晋升、调动或重新安置、解雇、培训和退休等条款和条件。不允许的歧视理由清单摘自国际劳工组织有关就业和职业的歧视公约（第 111 号公约和第 100 号公约）、有关保护产妇的公约（第 183 号）、有关就业残疾人的公约（第 159 号）、老年工人的建议书（第 162 号）和在工作场所中艾滋病毒和艾滋病问题建议书（第 200 号）。就《准则》而言，“其他状况”一词是指工会活动和个人特征，如年龄、残疾、 性别、怀孕、婚姻状况、性取向或艾滋病毒感染状况。根据第 1.e)款的规定，企业应促进人人机会平等，特别强调甄选、薪酬、培训和晋升的平等标准，以及这些标准的平等应用，并防止以婚姻、怀孕或有家庭责任的工人为由进行歧视或解雇。与此相关的是国际劳工组织关于暴力和骚扰的第 190 号公约。

60. 第 1.f）款建议所有企业提供一个安全和健康的工作环境，包括通过在合理可行的范围内尽量减少工作环境中固有的危害原因，防止因工作引起的、与工作有关的或在工作过程中发生的事故和对健康的伤害。

61. 本章第 2.c)款规定，企业向工人及其代表提供的信息应“真实和公正地反映”业绩表现。这涉及以下方面：企业的结构、经济和财务状况及前景、对环境健康和安全的不利影响、就业趋势、业务的预期重大变化，同时考虑到商业秘密的合法要求。考虑到商业机密性，可能意味着不提供某些方面的信息，或在没有保障措施的情况下不提供这些信息。

62. 本章第 3 条提到的工人参与的协商形式，源自国际劳工组织关于雇主和工人在企业层面开展协商与合作的第 94 号建议书。这也符合劳工组织《多国企业宣言》中的规定。这种协商安排不应取代工人就雇用条款和条件进行谈判的权利。第 8 条还包括一项关于工作安排方面的协商安排建议。

63. 在第 4 条中，就业和劳资关系标准被理解为包括报酬和工作时间安排。提到职业健康和安全，意味着跨国企业应遵循现行的监管标准和行业规范，最大限度地减少因雇用而引起的、与雇用有关的或在雇用过程中发生的事故和健康伤害风险。这鼓励企业努力提高其所有业务部门的职业健康和安全水平，即使在其业务所在国的现行法规可能没有正式要求这样做的情况下。还应鼓励企业尊重工人在有合理的理由认为工作环境对健康或安全构成迫在眉睫的严重威胁时脱离工作环境的权利。为了反映健康和安全问题的重要性以及相关建议之间的互补性，《准则》的其他章节，特别是关于消费者利益和环境的章节也提到了健康和安全问题。国际劳工组织《职业病清单建议》（第 194 号）提供了一份职业病指示性清单，以及可供企业在实施本《准则》相关建议时可以考虑的实践守则和指南。国际劳工组织《职业安全与健康公约》（第 155 号）第四部分关于企业层面的行动和《职业安全与健康管理体系指南》（ILO-OSH）为企业提供了职业健康与安全方面的进一步指导。

64. 本章第 5 条中的建议鼓励跨国企业充分雇用当地劳动力，包括管理人员，并提供培训。提高技能和再技能的培训应预测未来业务和雇主需求的变化，包括应对社会、环境、技术变化带来的变化，以及与自动化、数字化、公正转型和可持续发展相关的风险和机遇。本条关于培训和技能水平的阐述补充了“一般性政策”章节中关于鼓励人力资本形成的第 A.4 款的内容。提到本地工人，补充了“一般性政策”章节第 A.3 款中鼓励当地能力建设的内容。根据国际劳工组织关于人力资源开发的第 195 号建议书，还鼓励企业在可行的情况下，尽最大可能投资于培训和终身学习，同时确保妇女和其他弱势群体，如青年、低技能人员、残疾人、移民、老年工人和土著人民享有平等的培训机会。

65. 企业在促进和创造体面工作方面可以发挥重要作用。第 6 条建议企业将可能对员工产生重大影响的业务变化，特别是关闭实体或走向自动化、涉及集体或大规模裁员或遣散的情况，合理地通知工人代表和有关政府主管部门。如这一段所述，这项规定的目的是提供合作机会，以减轻这些变化的影响。这是一项重要原则，在加入国的劳资关系法律和实践中得到了广泛体现，尽管各加入国为确保有意义的合作机会所采取的方法并不完全相同。该建议还指出，根据实际情况，管理层最好能在最终决定之前发出通知。事实上，在做出最终决定之前发出通知是一些加入国劳资关系法律和实践的一项规定。然而，这并不是确保有机会开展有意义的合作以减轻此类决定的影响的唯一手段，其他加入国的法律和实践还规定了其他手段，如必须在执行决定之前规定时间内进行磋商。

六、环境

企业在推动可持续经济发展方面发挥着关键作用，并可为逐步有效应对全球、区域和地方环境挑战，包括迫在眉睫的气候变化威胁，提供有效和积极的应对方案。在经营所在国的法律、法规和行政实践惯例框架内，企业并考虑到相关国际协定、原则、目标和标准，开展活动的方式应适当考虑到保护环境的需要，进而保护工人、社区和更广泛的社会需求，避免和解决不利的环境影响，并为实现可持续发展的更广泛目标做出贡献。企业可能涉及一系列不利的环境影响。其中包括：

a）气候变化；

b）生物多样性丧失；

c）陆地、海洋和淡水生态系统的退化；

d）森林砍伐；

e）空气、水和土壤污染；

f）包括有害物质在内的废弃物管理不善。

本章评注概述了各种环境影响之间的重要差异，包括气候变化以及如何在相关框架内考虑单个企业与这些影响的关系 。

企业尤其应该：

1. 建立并维护一个与企业经营活动、产品和服务的全生命周期相关的环境管理体系，包括开展第二章所述的基于风险的尽责管理，以应对不利的环境影响，包括通过以下方式：

    a）识别和评估与企业业务、产品或服务相关的不利环境影响，包括通过收集和评估与企业业务、产品和服务相关的不利影响的充分和及时的信息，以及在活动可能对环境产生重大不利影响的情况下，制定适当的环境影响评估；

    b）建立并实施与其业务、产品和服务相关的不利环境影响以及改善环境绩效的可衡量目标、指标和策略。目标应以科学为基础，与相关的国家政策和国际承诺以及目标相一致，并借鉴最佳实践；

    c）定期验证策略的有效性，监测实现环境目标和指标的进展情况，定期审查各项目标、指标和策略的持续相关性；

    d）根据可获得的最佳信息，向公众、工人和其他利益相关方提供与其业务、产品和服务相关的环境影响的充分、可衡量、可核实（如适用）和及时的信息，以及根据第 1.b 款所述目标和指标方面取得的进展；

    e）提供或合作提供必要的补救措施，以解决企业造成或促成的不利环境影响，并利用影响力，影响其他造成或促成不利环境影响的实体进行补救。

2. 与受到与企业业务、产品或服务相关的不利环境影响的利益相关方进行有意义的接触。

3. 根据对风险的科学和技术理解，在面临严重或不可逆转的环境损害风险时，同时应考虑到人类健康和安全，不应以缺乏充分的科学确定性或途径为由，推迟采取具有成本效益的措施来防止或尽量减少这种损害。

4. 制定应急计划，以防范、减轻和控制其运营活动（包括事故和紧急情况）对环境和健康造成的严重损害；并建立向主管部门即时报告的机制。

5. 在企业层面上，并适当地在与企业有业务关系的实体层面上，不断寻求提高环境绩效，包括通过以下方式：
    a) 在可行的情况下，采用最佳可得技术，提高环境绩效；
    b) 开发和提供对环境影响不过度的产品或服务；产品或服务在预期适用过程是安全的；耐用、可修复、可重复利用、可回收或可安全处置；以环保的方式生产、可持续地利用自然资源，尽可能减少能源和材料投入以及污染、温室气体排放和废物（尤其是危险废物）的产生；
    c) 提高客户对使用企业产品和服务的环境影响的认识，包括提供有关其环境影响的准确信息（如温室气体排放、对生物多样性的影响、资源效率、可修复性和可回收性或其他环境问题）。
6. 向工人提供环境、健康和安全方面的充分教育和培训，包括危险和无害材料及废物的管理、环境事故的预防，以及更宽泛的环境管理领域的培训，如环境影响评估程序、公共关系和环境技术。在适当和可行的情况下，向供应商和其他业务关系，特别是中小型企业和小业主提供支持，包括环境管理方面的能力建设。
7. 通过伙伴关系或倡议，提高环境意识和保护意识，从而有助于制定环境负责和具有经济效益的公共政策。

第六章评注：环境

66.　　实现环境目标需要全社会共同努力。《准则》规定了企业应如何避免和应对不利的环境影响，并为实现气候变化减缓和适应，保护、恢复和可持续利用生物多样性，可持续、高效和合法地利用土地、资源和能源，可持续消费和生产（包括通过推广循环经济方法），以及预防、减少和控制污染等目标做出贡献。国际承诺、多边协定和其他监管框架是理解环境问题和期望的重要基准。一些国际协定包含政府的集体目标，但可能没有详细规定企业在这些目标方面的责任。在这种情况下，相关的监管框架、国家政策和广泛认可的环境管理和保障标准以及科学证据都是重要的参考依据。环境章节的内容反映了《关于环境与发展的里约宣言》、《21 世纪议程》（在《里约宣言》中）和《联合国 2030 年可持续发展议程》所载的原则和目标。它还与《联合国气候变化框架公约》、《巴黎气候协定》、《生物多样性公约》、《昆明-蒙特利尔全球生物多样性框架》、《联合国防治荒漠化公约》、以及相关的区域性环境协定保持一致，并反映了国际标准化组织的《环境管理体系标准》、国际金融公司的《环境与社会绩效标准》和《国际化学品管理战略方针》等文书中的标准。

67.　　在《准则》背景下，“环境管理”应从最广义的角度来解释，包括旨在了解环境影响和风险，避免和解决与企业业务、产品和服务有关的环境影响，考虑企业在累积影响中所占的份额，以及不断寻求改善企业环境绩效的行动。环境管理还包括对不利的环境影响进行基于风险的尽责管理。根据第二章，环境尽责管理的性质和范围取决于企业的具体情况。开展环境尽责管理的限制因素可能包括缺乏环境数据或技术。尽责管理还包括基于风险的优先排序。尽责管理还取决于与企业业务、产品或服务相关的环境影响在多大程度上是可以合理预见的。环境管理是可持续发展的一个重要组成部分，可能需要协调广泛的优先事项，包括国家优先事项和可持续发展目标中规定的优先事项。环境管理既是企业的责任，也是企业的机遇。跨国企业在这两方面都应发挥作用。因此，这些企业的管理者应在其经营战略中适当关注环境问题。要提高环境绩效，就必须致力于系统化的方法，并不断改进管理体系。环境管理体系提供了必要的内部框架，将环境因素纳入企业经营活动。有了这样一个体系，有助于向股东、员工、社区和其他利益相关方保证企业正在积极努力保护环境，使其免受企业活动的不利影响。

68.　　本章起首部分列出了可能与企业活动有关不详尽的负面环境影响列表。许多企业活动都可能对环境造成不利影响。不利环境影响是指环境或生物体系发生重大变化，对自然生态系统和受管理生态系统的组成、恢复力、生产力或承载能力，或对社会经济系统的运行或对人类产生有害影响。不利环境影响应根据现有最佳科学依据进行评估 。根据《准则》，如第二章所述，如果企业活动本身足以造成不利环境影响，则该企业“造成”了不利环境影响。如果一个企业的活动与其他实体的活动共同造成了不利环境影响，或者如果该企业的活动导致、促成或激励另一个实体造成不利影响，则该企业“促成”了不利环境影响。

不利环境影响也可以通过业务关系与企业的业务、产品或服务直接联系起来，即使它们并没有造成这些影响。

69.　　环境影响可以是集体的、相互关联的，也可以是孤立的；可以是局部的，也可以是跨界的。虽然有些环境影响已经得到很好的了解，但其他环境影响的程度、性质和成因可能了解不足，或正在演变，甚至不为人知。因此，虽然在某些情况下可以根据现有的科学和信息评估企业在多大程度上造成了不利的环境影响，但在其他情况下，这种评估可能具有挑战性。在后一种情况下，就《准则》而言，对企业造成不利影响的评估应考虑其活动在多大程度上符合广泛认可的标准、环境管理程序和有关的环境良好实践的保障措施，适用的环境法规和监管框架中确立的基准和标准，以及相关的国际协定。

70.　　不利的环境影响往往与《准则》涵盖的其他事项密切相关，如健康与安全、对工人和社区的影响、谋生机会或土地所有权。此外，开展环境尽责管理和管理不利环境影响通常需要考虑环境、社会和发展方面的多重优先事项。值得注意的是，《巴黎协定》的序言考虑到了公正转型、劳动力以及根据国家确定的发展优先事项创造体面工作和高质量就业的必要性，并承认在采取行动应对气候变化时，缔约方应尊重、促进和考虑各自的义务。在这方面，企业在其环境管理和尽责管理活动中需要评估和处理社会影响，并采取行动防止和减轻这种不利影响，包括在从有害环境的做法过渡到更绿色的产业或实践的过程中（如使用可再生能源）。尊重劳工权利，包括参与社会对话和集体谈判（如第五章所述），与相关利益相关方进行有意义的接触，以及在相关情况下实行负责任的脱离接触（如第二章所述），在这一点上非常重要。

71.　　除了提高环境绩效外，建立环境管理体系还能通过降低运营和保险成本、提高能源和资源保护水平、减少合规和责任费用、提高可持续性和复原力、增加获取资本和技能的机会、提高客户满意度以及改善社区和公共关系等方式为企业带来经济效益。

72.　　与企业的业务、产品和服务相关的环境影响的沟通，以及有意义的利益相关方参与，是尽责管理的组成部分，也可能是法律要求。全球报告倡议组织等报告标准和其他环境报告标准提供了有用的参考。另请参阅第三章“信息披露”有关内容。在受到此类影响或可能受到影响的地方，以及在区域、国家或国际范围内稀缺或濒危的环境资源受到威胁的情况下，与利益相关方，如员工、客户、投资者、供应商、承包商、当地社区、处于弱势或边缘化境地的个人或群体、拥有特殊权利或合法使用权的个人、土著居民，以及广大公众进行有意义的接触和沟通尤为重要。

73.　　鼓励企业采用可持续消费和生产模式，包括通过资源效率、循环经济和其他模式。通过这些做法，企业可以大大减少对环境的不利影响。资源效率促进更有效和高效地利用资源和材料，包括通过无害环境的原材料供应。此外，循环经济方法作为实现可持续发展的手段之一，在适当情况下也具有相关性。根据各国的优先事项和国情，循环经济是一种模式，在这种模式中，产品和材料的设计使其可以再利用、维修、再制造、再循环或回收，从而连同其制成的资源一起在经济中尽可能长时间得以保留，并避免或最大限度地减少废物的产生，特别是有害废物，防止和减少温室气体排放。

74.　　《准则》的基本前提是企业应尽快采取积极的方式行动，避免对环境造成不利影响。

75.　　《准则》无意重新解释任何现有文书，也无意为各国政府创造新的承诺或先例，《准则》仅旨在建议如何在企业层面实施预防性的方法。认识到，根据实施的具体情况，在落实这些建议时需要一定的灵活性。还认识到，各国政府应根据自身能力确定该领域的基本框架，并有责任定期与利益相关方就最适当的推进方式进行磋商，确保透明度和基于科学的方法。

76.　　企业在促进实现温室气体净零排放和具有气候适应能力的经济方面发挥着重要作用，这对于实现国际议定的气候变化减缓和适应的目标至关重要。在过渡到温室气体净零排放过程中，许多企业活动都会涉及一定程度的温室气体排放或碳汇减少。企业应确保其温室气体排放和对碳汇和国际间达成的全球温度目标相一致，对其影响的评估基于最佳可得科学依据，包括政府间气候变化专门委员会（IPCC）评估的科学依据。

77.　　这包括引入和实施基于科学的气候变化减缓和适应的政策、战略和过渡计划，以及采纳、实施、监测和报告短期、中期和长期减排目标。这些目标应该以科学为基础，包括绝对的温室气体减排目标，以及在相关情况下基于强度的温室气体减排目标，并考虑到范围 1、范围 2，以及根据现有最佳信息尽可能考虑到范围 3 的温室气体排放。重要的是，要根据现有的最新科学证据，并随着不同国家或行业具体转型途径的制定和更新，定期对照目标的充分性和相关性进行报告、审查和更新。企业应优先考虑消除或减少排放源，而不是抵消、补偿或中和措施。碳信用额或抵消可作为解决未减少排放的最后手段。碳信用或抵消应具有高度的环境完整性，不应使人们忽视减少排放的必要性，也不应将有助于温室气体密集型工艺和基础设施固化。企业应公开报告其对碳信用额或碳抵消措施的依赖及其相关特性。此类报告应有别于减排报告，并作为减排报告的补充。

78. 利用影响力，以及根据相互接受的条件向供应商和其他业务关系提供技术援助和资金，以支持减缓和适应气候变化，对于实现目标和应对影响十分重要。

79. 实现气候复原力和适应性是全球长期应对气候变化以保护人类和生态系统的重要组成部分，需要社会各领域各阶层的参与和支持。企业应避免破坏社区、工人和生态系统的气候适应性和复原力的活动。

80. 保护生物多样性以及可持续管理和利用自然资源和生态系统，包括森林、海洋、泥炭地和湿地等，对于人类健康和生计、物种生存以及减缓和适应气候变化都非常重要。企业应为保护生物多样性、可持续利用生物多样性的组成部分以及公平公正地分享利用遗传资源所产生的惠益做出贡献。企业还应根据联合国可持续发展目标，特别是第 15.2 款、《2017-2030 年联合国森林战略计划》和《2021 年格拉斯哥领导人关于森林和土地利用的宣言》的目标，避免和解决土地、海洋和淡水退化问题，包括毁林。具体的努力应包括加强尽责管理，了解对国家公园、保护区和其他保护区（包括教科文组织世界自然遗产地、为履行《生物多样性公约》而受保护的地区、国内法规定的保护区以及受保护物种）的生物多样性可能产生的不利影响。在适当的情况下，企业还应根据自身的能力和经营所在地的国内法律，为可持续的土地和森林管理做出贡献，包括恢复、造林、重新造林，还包括减少土地、海洋和淡水资源的退化。企业防范或减轻对生物多样性不利影响的工作应遵循生物多样性缓解等级结构的原则，该原则建议首先设法避免对生物多样性造成损害，在无法避免的情况下减少或尽量减少损害，并将抵消和恢复作为无法避免的不利影响的最后手段。

81. 不利的环境影响，特别是在生物多样性以及土地、海洋和淡水退化方面，可能与土地、森林和渔业的负责任治理有关。正如《国家粮食安全范围内土地、渔业及森林权属负责任治理自愿准则》所指出的，土地、森林及渔业权属负责任治理可在支持环境的可持续利用方面发挥作用。在这方面，该文书要求投资不造成损害，并防止剥夺合法权属权利人的财产和环境损害。

82. 《准则》还鼓励企业努力提高其所有业务的环境绩效水平，即使其业务所在国的现行做法可能没有正式要求这样做。在这方面，企业应适当考虑其对发展中国家的社会和经济影响。

83. 例如，跨国企业经常可以获得现有和创新的技术或操作程序，如果加以应用，将有助于全面提高环境绩效。跨国企业往往被视为各自领域的领导者，因此不应忽视对其他企业产生示范效应的潜力。确保跨国企业开展业务的国家的环境也能从现有和创新的技术和实践中受益，这是更广泛地支持国际投资活动的一个重要途径。

84. 企业在对其员工和其他利益相关方进行环境管理方面的培训和教育可以发挥重要作用。鼓励企业尽可能广泛地履行这一职责，特别是在与人类健康和安全直接相关的领域。企业还应以清晰易懂的方式向其业务关系方传达企业的环境政策、要求和标准。

85. 企业应遵守与世界动物卫生组织《陆地准则》一致的动物福利标准。如果动物健康、舒适、营养良好、安全，没有遭受疼痛、恐惧和痛苦等不愉快的状态，并且能够表达对其身体和精神状态重要的行为，那么认为动物享有良好的福利。良好的动物福利需要疾病预防和适当的兽医护理、庇护所、管理和营养、富有刺激和安全的环境、人道处理以及人道屠宰或宰杀。此外，企业应遵守相关国际组织制定的活体动物运输指南。

七、打击贿赂和其他形式的腐败

与《准则》涵盖事项相关的不利影响通常是通过腐败手段实现的。因此，企业实施有效的反腐败措施对于避免《准则》所涵盖的其他不利影响是一项重要贡献。企业不应参与任何贿赂或其他形式的腐败行为。

企业尤其应该：

1. 不参与任何形式的腐败行为，包括向公职人员或与企业有业务关系的个人或实体的员工或其亲属或关联人提供、许诺或赠送任何不正当的金钱或其他利益。同样，企业不应要求、同意或接受公职人员或与企业有业务关系的个人或实体的员工提供的任何不当金钱或其他利益。企业不应利用第三方或其他中间人，包括而不限于代理商、顾问、代表、分销商、财团、承包商和供应商以及合资伙伴，向公职人员或与企业有业务关系的个人或实体的员工或其亲属或合伙人输送不当金钱或其他利益。
2. 制定和采取适当的内部控制、道德和合规方案或措施，以充分预防、识别和应对贿赂和其他形式的腐败，这些措施是在风险评估基础上制定的，同时考虑到企业的具体情况，特别是与贿赂和其他形式的腐败有关的企业风险因素（包括而不限于其经营业务所在的地理位置和行业部门、其他负责任商业行为的问题、监管环境、业务关系类型、与外国政府的交易以及第三方的使用）。这些内部控制、道德和合规方案或措施应包括一套财务和会计程序，包含一套合理设计的内部控制系统，确保维护公正和准确的账簿、利益冲突登记簿、记录和账目，以确保它们不能被用于从事或掩盖贿赂或其他腐败行为。应定期监测并在必要时重新评估这些个别情况和风险，以确定合规资源的分配，确保企业的内部控制、道德和合规方案或措施得到调整并持续有效，降低企业卷入贿赂或其他形式腐败的风险。这些预防和识别所有形式腐败的内部控制、道德和合规方案或措施还应包括开展第二章所述的基于风险的尽责管理。
3. 在公司内部控制、道德与合规方案或措施中，禁止或不鼓励使用小额疏通费，因为这些行为在其发生的国家通常是非法的，应在账簿和财务记录中准确记录此类费用。
4. 考虑与贿赂和其他形式腐败有关的特定风险的情况下，确保妥善记录与雇用代理人有关的尽责管理情况，以及对代理人进行适当和定期监督，并确保代理人的报酬适当且仅用于合法服务。在相关情况下，应保留并向主管部门提供与公共机构和国有企业进行交易的代理人的最新名单，以符合适用的信息披露要求。企业应采取措施，确保其代理人避免施加非法影响，并在与公职人员的关系中遵守职业标准。
5. 提高打击贿赂和其他形式腐败活动的透明度，培养诚信文化。措施可包括：(1)董事会或同等治理机构和高级管理层对企业的内部控制、道德和合规方案给予明确和可见有力支持和承诺；(2)明确阐述和清晰可见的禁止贿赂和其他形式腐败的企业政策，便于所有员工和相关第三方（包括外国子公司、代理和其他中介机构等）查阅；(3)披露企业为履行这些承诺而采取的管理制度和内部控制、道德和合规方案或措施。企业还应促进公开和与公众的对话，以提高公众对打击贿赂和其他形式腐败的认识和合作。鼓励企业在不违反国家法律和要求的情况下，披露与贿赂和其他形式腐败有关的任何不当行为，以及为处理涉嫌贿赂和其他形式腐败案件而采取的措施。这些措施可能包括但不限于识别、调查和报告不当行为的程序，以及真诚和积极主动地与执法机关接触的程序。
6. 通过适当宣传企业政策和内部控制、道德与合规方案或措施，以及考虑到适用的语言、文化和技术障碍的培训计划和纪律程序，提高员工和与业务关系相关的个人或实体对贿赂和其他形式腐败的企业政策和内部控制、道德与合规计划或措施的认识，并促进其遵守。
7. 不向公职候选人或政党或与政党或政治候选人有关联的其他组织提供非法捐款。政治捐款应完全遵守国家法律，包括信息披露要求，并应获得高级管理层的批准。这包括不强制员工支持政治候选人或政治组织。

第七章评注：打击贿赂和其他形式的腐败

86. 对贿赂和其他形式腐败的解释应与以下文书保持一致。腐败包括贿赂公职人员或有业务关系的个人或实体的相关人员。它还可能包括权钱交易、贪污、挪用和滥用赞助和慈善捐款。例如，企业不应直接或间接提议、承诺、给予或索要贿赂或其他不正当利益，以获得或保留业务或其他不正当好处。企业还应抵制索贿和勒索。虽然利益冲突本身不等同于腐败，但人们越来越认识到如果公职人员的私人利益与公共职责之间的冲突如果不能妥善管理，则有可能导致腐败。《打击国际商业交易中贿赂外国公职人员公约》[OECD/LEGAL/0293]（亦称为经合组织《反贿赂公约》）于 1999 年 2 月 15 日生效。《经合组织反贿赂公约》与《进一步打击在国际商业交易中贿赂外国公职人员的建议》[OECD/LEGAL/0378]（亦称为《反贿赂建议》）、《关于进一步打击在国际商业交易中贿赂外国公职人员的税收政策建议》[OECD/LEGAL/0371]，以及《关于贿赂和官方支助的出口信贷的建议》[OECD/LEGAL/0447]和《关于发展合作行为体管理腐败风险的建议》[OECD/LEGAL/0431]，是经合组织针对外国交易贿赂提供方的核心文书。这些文书共同意图消除向外国公职人员作出贿赂的行为，每个国家对其企业的活动以及在自身司法管辖范围内发生的行为负有负责。[2] 为促进这些文书的全面实施，严格、系统的监督方案已经建立，监测各国对《经合组织反贿赂公约》等相关文书的落实情况并促进全面落实。其他腐败行为和廉洁风险也在《关于公共廉洁的建议》[OECD/LEGAL/0435]、《关于游说透明性和廉洁性原则的建议》[OECD/LEGAL/0379]、经合组织《关于公共部门利益冲突管理准则的建议》[OECD/LEGAL/0316]和《国有企业反腐倡廉准则的建议》[OECD/LEGAL/0451]中所述及。

87. 腐败损坏民主体制和公司治理。它会阻碍投资，扭曲国际竞争条件。除经济影响外，腐败还可能产生有害影响，包括而不限于破坏全球稳定、阻碍环境标准和劳工权利的执行，或提供低于标准的商品。特别是，通过腐败行为挪用资金会破坏公民实现更高水平的经济、社会和环境福利的努力。腐败对边缘化或弱势群体或人口的影响尤为严重，并可能加剧性别不平等。企业在制定控制、道德和合规方案时，应考虑到与民族、种族、性别和性取向等因素相关的重叠形式的结构性歧视，从而在打击这些行为方面发挥重要作用。

88. 在公共和私营领域，正当性、诚信和透明度是打击贿赂和其他形式腐败的关键概念。工商企业界、非政府组织、政府和政府间组织应通力合作，加强公众对反腐败措施的支持，提高透明度和公众对腐败和贿赂问题的认识。采取适当的公司治理实践也是在企业内部培养道德文化的一个基本要素。

89. 《反贿赂建议》特别建议各国政府鼓励本国企业制定和采取适当的内部控制、道德和合规方案或措施，以预防和发现外国贿赂，同时考虑到*《反贿赂建议书》*附件二所载的*《关于内部控制、道德和合规的良好做法指南》*。该*《良好做法指南》面向*包括国有企业在内的企业以及商业组织和专业协会，重点介绍了确保其内部控制、道德和合规计划或措施有效预防和发现外国贿赂的良好做法，包括对举报人的保护。本指南具有灵活性，企业，特别是中小型企业可根据自身情况进行调整，包括企业规模、类型、法律结构、经营地域和行业部门，以及其经营所依据的司法管辖和其他基本法律原则。此外，就本*《准则》而言*，与腐败有关的内部控制、道德与合规计划或措施还应包括按照第 II 章所阐述的建议开展基于风险的尽责管理。

90. 与当地和国际民间社会组织、企业、专业协会和国际组织的集体行动和有意义的接触，也可以帮助企业更好地设计和实施有效的企业反腐败政策，降低企业无法单独降低的腐败风险。

91. 2005 年 12 月 14 日生效的《联合国反腐败公约》规定了一系列广泛的反腐标准、措施和规则。联合国反腐败公约》要求缔约国禁止本国官员收受贿赂，禁止本国企业贿赂本国公职人员、外国公职人员

---

[2] 在经合组织《反贿赂公约》中，对外国贿赂的罪行被定义为“直接或通过中间人向外国公职人员提供、许诺给予或给予任何不正当的金钱或其他利益，以使该公职人员或第三方在执行公务采取行动或放弃行动，以国际商务交易中获取或保留业务或其他不正当利益”。经合组织《反贿赂公约》评注（第 9 条）明确指出，“小额疏通费”不构成第 1 条所指的“为获取或保留业务或其他不正当利益”而支付的款项，因此也不构成犯罪。在一些国家，这种付款是为了诱使公职人员履行其职能，如发放执照或许可证，通常在涉及的国家是非法的。其他国家可以而且应该通过支持改善治理的方案等手段来应对这一腐败现象。《反贿赂建议》（第 14.i 款）建议政府“承诺定期审查其关于小额疏通费的政策和方法，以有效打击这一现象”。

和国际公共组织官员，并考虑禁止私人对私人的贿赂行为。联合国反腐败公约》和*经合组织《反贿赂公约》*相互支持，相辅相成。

92. 为解决贿赂的需求方问题，善治做法是防止企业被索贿的重要因素。投资来源国政府和东道国政府都应协助面临索贿或其他形式腐败问题的企业，提高相关公职人员的认识并为其提供培训，考虑与私营和公共部门代表以及民间社会组织一起促进集体行动倡议，并在适当情况下采取协调行动解决索贿和受贿问题。《反贿赂建议》附件二中关于《公约》具体条款的《良好做法指导意见》指出，经合组织《反贿赂公约》的实施方式应使其不为外国公职人员索贿提供辩护或例外。此外，《联合国反腐败公约》要求将国内公职人员索贿定为刑事犯罪。

八、消费者利益

在与消费者打交道时，企业应按照公平的商业、营销和广告惯例行事，并应采取一切合理措施，确保其提供的商品和服务的质量和可靠性。企业尤其应：

1. 确保其提供的商品和服务符合所有议定的或法律规定的消费者健康和安全标准，包括与健康警告和安全信息有关的标准，并且在可预见的使用或可预见的不当使用或误用中不会对消费者的健康或安全造成不合理的风险。
2. 提供准确、可核实和清晰的信息，以使消费者做出知情决定，包括价格信息，适当情况下还包括内容、安全使用、环境属性、维护、储存、商品和服务的处置，以及相关的电子商务披露信息，如隐私问题，以及关于现有争议解决和补救选择的信息。信息应使用通俗易懂的语言，以易于理解和获取的方式呈现，同时也要考虑到残疾消费者的无障碍需求。在可行的情况下，提供信息的方式应便于消费者比较产品。
3. 为消费者提供公平、便捷、及时和有效的非司法争议解决和补救机制，避免不必要的代价或负担。
4. 不得捏造或隐瞒信息，也不得采取任何其他具有欺骗性、误导性、欺诈性的不公平做法，或以损害消费者或竞争的方式颠覆消费者的选择。
5. 在与其业务活动有关的领域，支持促进消费者教育的工作，目的之一是提高消费者的能力：（1）在涉及复杂的商品、服务和市场时做出知情决定，（2）更好地了解其决定对经济、环境和社会的影响，（3）支持可持续消费。
6. 尊重消费者隐私，确保企业收集和使用消费者数据的做法合法、透明和公平，使消费者能够参与和选择，并采取一切合理措施确保其收集、存储、处理或传播的个人数据的安全。
7. 与公共部门充分合作，防止和打击滥用或欺骗性营销行为（包括误导性广告和商业欺诈），减少或防止因消费、使用或处置其产品和服务而对公众健康和安全或环境造成的严重威胁。
8. 在应用上述原则时，考虑（1）消费者的需求，尤其是那些可能处于弱势或不利地位的消费者的需求，以及（2）电子商务可能给消费者带来的具体挑战。

第八章评注：消费者利益

93.　　《准则》中关于消费者利益的章节借鉴了经合组织消费者政策委员会和金融市场委员会的工作、经合组织在消费者保护领域的相关标准，以及其他组织的工作，包括国际商会、国际标准化组织和联合国，包括联合国环境规划署（即《联合国消费者政策准则》）和相关文书，包括国际商会关于全球广告和负责任营销的《广告和营销传播准则》。

94.　　本章认识到，消费者满意度和相关利益是企业成功运营的根本基础。本章还认识到，随着时间的推移，商品和服务消费市场发生了重大变化。监管改革、更加开放的全球市场、改变了数字和金融服务的新技术的发展以及消费者服务的增长都是变革的主要推动力，为消费者提供了更多的选择以及更开放的竞争所带来的其他益处。与此同时，许多市场的变化速度和复杂程度的增加也普遍增加了消费者对商品和服务进行比较和评估的难度。此外，随着时间的推移，消费者的人口结构也发生了变化。儿童日益成为市场的重要力量，老年人也越来越多。虽然消费者的整体教育水平有所提高，但许多人仍然缺乏算术和识字能力，而这正是当今更为复杂、信息更为密集的市场所需要的。此外，许多消费者越来越有兴趣了解企业在广泛的经济、社会和环境问题上的立场和活动，并在选择商品和服务时加以考虑。

95. 本章呼吁企业采用公平的商业、营销和广告做法，并确保所提供产品的质量和可靠性。据指出，这些原则既适用于商品，也适用于服务。

96. 第 1 条强调了企业遵守规定的健康和安全标准的重要性，以及向消费者提供有关其产品的充分健康和安全信息的重要性。

97. 第 2 条涉及信息披露。它要求企业提供足够的信息，以便消费者做出知情决定。在网上提供信息的方式应量体裁衣，适合消费者的获取方式。在相关情况下，这将包括与产品相关的金融风险信息。此外，在某些情况下，法律要求企业以能够让消费者对商品和服务进行直接比较的方式提供信息（例如，单位定价）。在没有直接立法的情况下，鼓励企业在与消费者打交道时，以有利于比较商品和服务的方式提供信息，使消费者能够很容易地确定产品的总成本。应当注意的是，什么是“足够的”信息会随着时间的推移而变化，企业应当对这些变化作出反应。企业作出的任何产品、环境或社会声明都应基于充分的证据，并酌情进行适当的测试和验证。声明既可适用于产品或服务的生产方式，也可适用于产品或服务本身的属性。鉴于消费者对环境和社会问题以及可持续消费的兴趣与日俱增，应酌情提供有关产品和服务的环境或社会属性的信息。这可以包括产品的能源效率、可回收程度、耐用性和可修复性，金融产品和服务的可持续性属性，或者，例如，在食品方面，有关农业实践或营养属性的信息。

98. 消费者在做出购买决定时越来越多地考虑商业行为。因此，我们鼓励企业提供相关信息，介绍其为将社会和环境问题纳入业务运营以及支持可持续消费而采取的措施。第三章“信息披露”与此相关。因此，鼓励企业向公众传播价值声明或商业行为声明，包括有关企业的社会、道德和环境政策以及企业遵守的其他行为准则的信息。鼓励企业以通俗易懂的语言提供这些信息，并确保有关环境或社会绩效的任何声明的准确性。欢迎更多的企业在这些领域进行报告，并向消费者提供有针对性的信息。

99. 第 3 条反映了《关于消费者争端解决和补救的建议》[OECD/LEGAL/0356]中使用的措辞。该建议为制定有效办法解决消费者投诉确立了一个框架，包括行业在这方面可以采取的一系列行动。据指出，许多企业为解决消费者争议而建立的机制有助于增强消费者信心和提高消费者满意度。与法律诉讼相比，这些机制可以为投诉提供更切实可行的解决方案，因为法律诉讼对所有相关方来说都可能是昂贵、困难和耗时的。不过，要使这些非司法机制发挥效力，就必须让消费者了解这些机制的存在，并就如何投诉提供指导，特别是在索赔涉及跨境或多层面交易时。

100. 第 4 条涉及欺骗、误导、欺诈和其他不公平的商业行为。这些做法会扭曲市场，损害消费者和负责任企业的利益，应予以避免。

101. 第 5 条涉及消费者教育，随着许多市场和产品的日益复杂，消费者教育变得更加重要。各国政府、消费者组织和许多企业都认识到，这是一项共同的责任，它们可以在这方面发挥重要作用。消费者在评估金融和其他领域的复杂产品时遇到的困难突出表明，利益相关方必须共同努力，促进旨在改善消费者决策的教育。

102. 第 6 条涉及个人数据。企业越来越多地收集和使用个人数据，可能会给消费者的隐私及其福祉带来巨大风险。因此，保护消费者的个人数据，包括数据安全，至关重要。

103. 第 7 条强调了企业与公共部门合作，帮助更有效地防止和打击欺骗性营销做法的重要性。此外，还要求开展合作，减少或预防对公众健康和安全以及环境造成的风险。这包括与货物处置、消费和使用有关的风险。这反映了人们认识到在产品的整个生命周期，特别是在设计、制造、销售、使用和处置阶段，考虑和管理产品安全风险的重要性。

104. 第 8 条呼吁企业在销售商品和服务时，考虑弱势和处境不利消费者的情况。弱势或易受伤害的消费者指的是特定的消费者或消费者类别，由于个人特点或情况（如年龄、智力或体力、教育、收入、语言或偏远地区），他们在当今信息密集的全球化市场中可能会遇到特殊的经营困难。该条款还强调了移动端和其他形式的电子商务在全球市场中日益增长的重要性。这种商务带来的好处是巨大的，而且还在不断增长。但也存在损害消费者利益的风险。各国政府花了大量时间研究如何确保消费者得到透明和有效的保护，而电子商务对消费者的保护程度不会低于传统形式的商务。因此，企业必须采取措施，减少电子商务的风险，使保护水平不低于较传统形式的商务。

九、科学、技术和创新

科学研究和技术创新推动了所有部门的生产力，也提高了企业开展尽责管理和促进可持续发展的能力。企业应酌情促进地方和国家创新能力的发展。在技术的开发、融资、销售、许可、贸易和使用（包括数据的收集和使用）以及科学研究和创新方面，企业应遵守《准则》，并遵守适用的国家法律和要求，包括隐私和数据保护要求以及出口管制法规。企业尤其应：

1. 针对与科技创新有关的实际和潜在不利影响，开展第 2 章所述的基于风险的尽责管理。
2. 在其业务活动过程中，在切实可行的情况下，采取能够按照相互商定的条件自愿、安全、可靠和高效地转让技术和专门技能的做法，并加强数据的获取和共享，以促进科学发现和创新，同时适当考虑知识产权保护、保密义务、隐私、个人数据保护、出口管制和非歧视原则。
3. 在适当的情况下，在东道国开展科技开发活动，以满足当地市场的需求，雇用东道国人员参与科技开发活动，并鼓励和支持对他们的培训，同时考虑到诚信、安全和商业需求。
4. 在授予知识产权使用许可或以其他方式自愿转让技术时，应根据双方商定的条款和条件进行，并采取适当的保障措施，以防止和减轻不利影响，同时应有助于东道国的长期可持续发展前景，并遵守出口管制规定。
5. 在与商业目标相关的情况下，发展与当地高等教育机构、公共研究机构的联系，参与与当地产业或产业协会（包括中小型企业和民间社会组织）的合作研究项目。这种合作应考虑到有效的风险管理、道德因素、国家安全问题、适用法律和利益相关方的考虑。还应承认开放科学的价值，尊重维护学术自由以及研究和科学自主权的保障措施。
6. 在收集、共享和使用数据时，提高数据访问和分享措施的透明度，并鼓励在整个数据价值周期中采用负责任的数据治理做法，这些做法应符合《准则》遵守者适用、广泛认可或接受的标准和义务，包括行为守则、道德原则、有关操纵和胁迫消费者的规则以及隐私和数据保护规范。
7. 企业应根据自身情况，在适当的论坛上支持合作努力，促进建立一个开放、自由、全球性、具有相互操作性、可靠、可获取、可承担、安全和有弹性的互联网，包括通过尊重网上言论、和平集会和结社自由，并与《准则》所涵盖的事项保持一致。

第九章评注：科学、技术与创新

105. 技术的开发、许可、销售、贸易和使用对《准则》所涵盖的事项有着深远的影响， 包括可持续发展、人权、经济参与、民主、社会凝聚力、气候变化、全球商业和劳工状况以及市场动态。科学研究和技术创新推动了各行各业的生产力，提高了企业开展尽责管理和促进可持续发展的能力，但也可能带来挑战和不利影响。

106. 鉴于本专题具有不断演变的性质，而且涉及诸多方面，因此本章的范围应具有广泛性和包容性，以确保其在与未来科学、技术和创新发展相关的风险方面具有持续相关性。

107. 在以知识为基础的全球化经济中，获取和利用技术、数据和专门技能的能力对于提高企业绩效至关重要。在可持续发展的背景下，这种获取能力对于实现技术进步对整个经济的影响也很重要，包括生产力增长和创造就业。跨国企业是跨国技术转让的重要渠道。它们可以通过创造、传播，或者使国内企业和机构使用新技术，为东道国的国家创新能力做出贡献。跨国企业的研发活动和对新技术的投资，如果能与国家创新体系良好地结合起来，就能有助于促进东道国的经济和社会进步。反过来，东道国充满活力的创新体系的发展也扩大了跨国企业的商业机会。

108. 因此，本章旨在促进跨国企业在其开展业务的国家推广研究与开发活动的成果，从而在经济可行性和竞争力的限制范围内，并在符合隐私、数据保护、安全、知识产权保护和保密义务的前提下，提高东道国的创新能力。在这方面，促进技术传播可包括将新技术融入产品和服务的商业化、工艺创新的许可、科技人员的聘用和培训以及研发合作企业的发展。在出售或许可使用技术时，不仅应共同商定谈判的条款和条件，跨国企业还应考虑技术对发展、环境和社会的长期影响。在经营活动中，跨国企业可以建立和提高其国际子公司、分包商以及与之有业务关系的其他实体的创新能力。此外，跨国企业还可以呼吁关注当地科技基础设施的重要性，包括物质基础设施和机构基础设施。在这方面，跨国企业可以为东道国政府制定有利于发展有活力的创新体系的政策框架做出有益的贡献。

109. 科学在此包括研究和探索。技术在此包括数字技术、非数字技术和数字服务，以及促进其开发和使用的数字生态系统。创新在此是指开发新的或改进的产品、服务或流程的过程，目的是将其提供给潜在用户或供企业使用。

110. 与经合组织的相关建议一致，这里的数据是指以结构化或非结构化格式记录的信息，包括文本、图像、声音和视频。数据驱动的创新和数据密集型科学在应对重大社会挑战方面大有可为。开放科学倡议和数据获取对科学成果的可复制性、知识在全社会的传播、跨学科合作、资源效率、生产力和竞争力产生了深远影响。跨境数据流对于支持国际商务、信息和知识交流以弥合数字鸿沟和可持续发展至关重要。第2 条强调了这些益处，但也承认数据被盗以及不负责任地共享和使用数据的风险，这可能会损害个人隐私，并可能构成潜在的国家安全风险。鼓励数据生态系统中的企业，包括《关于加强数据获取和共享的建议》[OECD/LEGAL/0463]中定义的数据持有者、数据生产者和数据中介机构，考虑上述建议中概述的关于负责任地获取、共享和使用数据的建议，该建议旨在确保在整个数据价值周期中实施风险管理措施，包括保护数据的保密性、完整性、安全性和可用性的必要措施，特别是在管理 DNA 等生物数据以及向执法部门和其他政府机构披露数据时。

111. 在第 4 条中，对企业的期望是为了避免造成意外后果的条款和条件。企业还应努力查明某些行为者可能试图从技术转让中获益以滥用民用技术的情况。

112. 根据第二章的规定，对与科学、技术和创新有关的不利影响进行尽责管理的性质和程度将取决于具体情况，并涉及基于风险的优先排序。这还应考虑到与按照预期目的使用产品或服务有关的已知或可合理预见的情况，或在可合理预见的不当使用或滥用的条件下，可能产生不利影响的情况。

113. 参与开发新技术或现有工具的新应用的企业应在可行的范围内预测并酌情应对新技术带来的道德、法律、劳工、社会和环境挑战，同时促进负责任的创新，并与当地监管机构和工人代表开展对话和信息共享。除《准则》建议外，作为对《准则》建议实施的支持，鼓励企业考虑有关创新过程的现有指导，包括经合组织在人工智能和神经技术领域的相关标准，包括《关于人工智能的建议》[OECD/LEGAL/0449]和《关于神经技术负责任创新的建议》[OECD/LEGAL/0457]。

114. 数字安全是企业、客户和政府等所有利益相关方的共同责任。数字安全事件，如未经授权访问系统或软件、账户受损、数据丢失或被盗，或干扰信息技术资源等，会破坏企业、政府和个人数据、信息系统和网络的可用性、完整性和/或保密性，从而对企业、政府和个人造成伤害。企业在进行数字安全风险管理时，应与《准则》的其他章节保持一致。隐私设计原则、使用强加密、权限和访问管理协议以及其他最佳实践可以减少威胁，减轻危害。企业还应考虑经合组织在数据领域的相关标准。

115. 在所有涉及儿童和青年参与或接触数字环境的活动中，企业应酌情将儿童的最大利益作为首要考虑因素，并在尽责管理中确定如何在数字环境中尊重儿童和青年的权利，保护和促进儿童和青年的福祉，并根据《关于儿童在数字环境中的建议》[OECD/LEGAL/0389]和《经合组织数字服务提供商准则》采取适当措施。

十、竞争

企业应该：

1. 在开展活动时符合关于竞争问题的所有适用的法律法规，同时考虑 到企业活动可能产生反竞争效应的所有地区的竞争法。

2. 避免与竞争者对手达成或执行反竞争协议，包括以下协议：

a) 固定定价；

b) 非法操纵投标（合谋投标）；

c) 制定产量限制或配额；或

d) 通过分配消费者、供应商、商业领地或贸易范围而分享或分割市场。

3. 根据适用的法律和适当的安全规定，尽可能迅速、全面地对信息要 求做出反应，与当地的竞争问题主管部门合作，并考虑使用可用的 工具，例如在适当情况下的保密豁免，以促进调查部门之间的有效 和高效的合作。

4. 定期提高员工对于遵守所有适用的竞争法与竞争政策的重要性的认 识，特别是对企业高层管理人员进行有关竞争问题的培训。

第十章评注：竞争

116. 这些建议强调了竞争法律和法规对国内和国际市场有效运作的重要性，并重申了国内和跨国企业遵守这些法律和法规的重要性。这些建议还寻求确保所有企业都意识到竞争法的适用范围、补救措施和制裁，以及竞争问题主管部门之间的合作程度。“竞争法”是指禁止在以下方面的“反托拉斯”和“反垄断”法律的各种法律，这些法律禁止：（a)反竞争协议；b)滥用市场支配力或主导地位；（c）通过高效业绩之外的其他手段获得市场支配力或主导地位；或 （d） 通过兼并或收购大幅减少竞争，或严重阻碍实际存在的竞争。

117. 在一般情况下，竞争法和竞争政策禁止：(a)核心卡特尔；(b)其他反竞争协议；(c)利用或扩大市场支配地位或市场力量的反竞争行为；(d)反竞争的兼并和并购。根据《关于打击核心卡特尔的有效行动的建议》[OECD/LEGAL/0452]，（a)项提到的反竞争协议构成核心卡特尔，但《建议》收录了成员国的法律差异，包括法律豁免或是允许原本被禁止的活动出现例外情况或允许授权开展的规定。《准则》中的建议并不鼓励企业放弃这些可以合法利用的豁免或规定。（b） 项和（c） 项更为广义，这是由于其他协议和单方面 行为的影响较为模糊，对于反竞争的概念缺乏共识。

118. 竞争政策的目标是通过改善市场条件，由市场竞争力来决定商品和服务的性质、质量和价格，以促进整体福利和经济增长。除惠及消费者和某一地区的整体经济外，这种竞争环境还能使切实满足消费者需求的企业从中受益。企业可以参与这一进程，在政府审议的法律和政企业应当意识到，竞争法仍在继续颁布，而且这些法律越来越普遍地禁止在国外发生的对国内消费者产生有害影响的反竞争活动。此外，跨境贸易和投资使得在一个司法管辖区发生的反竞争行为更有可能在其他司法管辖区产生有害影响。因此，企业既要考虑其经营所在国的法律，也要考虑其行为可能产生影响的所有国家的法律。

119. 企业应认识到，竞争法律仍在制定颁布当中，竞争法律禁止发生在国外、但损害国内消费者利益的反竞争活动的现象会越来越普遍。 此外，跨境贸易和投资使得某一辖区内的反竞争行为会对其他辖区产生影响。因此，企业应同时兼顾其经营所在国的法律以及可能受企业行为影响的所有国家的法律。

120. 最后，企业应认识到，竞争主管部门在调查和制止反竞争活动方面正在进行更多、更深入的合作。参见理事会关于《成员国就影响国际贸易的反竞争行为开展合作的建议》[C(95)130/FINAL]。假如不同管辖区的竞争主管部门在审查同一行为，企业促进这些主管部门之间的合作，能推动协调、合理的决策过程和竞争补救措施，同时为政府和企业节约成本。

121. 虽然企业及其参与的合作倡议应采取积极措施，了解其管辖范围内的竞争法问题，避免可能违反竞争法的活动，但可信的负责任的商业行为倡议与竞争法的宗旨并无内在冲突，通常在此类倡议中的合作不会违反竞争法。

122. 根据各国的具体情况，企业从工人那里购买劳动投入时，可能会像购买其他商品和服务一样，受到竞争法的约束。在这种情况下，如果雇主之间在工资（固定工资）和雇用实践（如无佣金和无雇用协议）方面进行串通，可能会受到严厉制裁。因此，企业应确保在招聘和雇用政策中，以及在计划兼并和收购时遵守适用法律。

十一、税收

1. 企业应及时缴纳应纳税金，从而为东道国的公共财政做出贡献。特别是，企业应遵守其活动所在国的各项税收法律法规的条文和精神。遵守税法精神需要领会和依从立法意图。不要求企业支付的税款超出依据解释确定的法定金额。税务合规的措施之一是及时向相关主管部门提供用以准确核定其业务稽征税款的相关或法定信息 ，按照公平交易原则遵守转让定价做法。
2. 企业应将依法治税和纳税作为内部监督和更广泛的风险管理系统的重要因素。特别是，公司董事会应制定税收风险管理战略，全面确定和评估税收方面的财务、监管和声誉风险。

第十一章评注：税收

123. 税收领域的企业公民意识意味着，企业应遵守其经营所在的所有国家的税收法律和法规的文字和精神，与政府部门合作，并向政府提供相关信息或法律要求的信息。如果企业采取合理措施确领会立法的意图，并根据法律语言和当代法律沿革，以符合该意图的方式来解释税收规则，那么企业就遵守税收法律和法规的精神。交易的结构不应导致税收结果和交易的基本经济后果不一致，除非出台了旨在获得这一结果的具体立法。在这种情况下，企业应合理地确信，交易结构为企业带来的税收结果不违背立法意图。

124. 税务合规还要求与税务机关合作，提供税务机关所需的信息，以确保有效、公平地适用税法。这种合作应包括及时、完整地回应主管部门根据税务条约或信息交换协议的规定提出的信息要求。然而，提供信息的承诺并非没有限制。特别是，《准则》将应提供的信息与其与执行适用税法的相关性联系起来。这就承认有必要平衡企业在遵守适用税法方面的负担和税务机关掌握完整、及时和准确信息的需要，以便实施税法。

125. 企业对合作、透明度和税务合规的承诺应反映在风险管理系统、组织结构和政策中。对于具有公司法律形式的企业，公司董事会可以通过多种方式监督税务风险。例如，公司董事会应积极制定适当的税务政策原则，并建立内部税务控制系统，使管理层的行动与董事会对税务风险的看法保持一致。董事会应了解所有潜在的重大税务风险，并指定履行内部税务控制职能和向董事会报告的责任。包括税务在内的全面风险管理策略不仅能使企业成为良好的企业公民，还能有效地管理税务风险，从而避免企业面临重大的财务、监管和声誉风险。

126. 税收透明度有助于一国税收制度的完整性，是确保和表明企业遵守税法文字和精神的重要途径。跨国企业集团在一国的分支可能与同一跨国企业集团在其他国家的组成部分有广泛的经济关系。这种关系可能会影响各方的纳税义务。因此，税务机关可能需要其管辖范围以外的信息，以便能够评估这些关系并确定跨国企业集团成员在其管辖范围内的纳税义务。同样，所提供的信息仅限于与拟议评估这些经济关系相关或法律要求的信息，以便确定跨国企业集团各组成部分的正确税负。跨国企业应合作提供这些信息。经合组织/二十国集团税基侵蚀和利润转移包容性框架（BEPS）项目的一些行动旨在提高透明度，如编制和交换国别报告（BEPS 行动 13）、强制自发交换关于特定纳税人裁决的相关信息（BEPS 行动 5）以及关于激进税收政策方案的强制性披露规则（BEPS 行动 12）。

127. 在公司公民意识和征税工作中，转让定价是一个至关重要的问题。全球贸易和跨境直接投资的急剧增长（以及跨国企业在这类贸易与投资中的重要作用）意味着，转让定价是跨国企业集团各成员纳税义务中的一个重要决定因素，因为在跨国企业活动所在国，这种定价会对税基在这些国家之间的分配产生实质性作用。《经合组织税收协定范本》和《联合国发达国家和发展中国家双重征税示范公约》都列入了公平交易原则，这项原则是相关企业之间利润调整的 国际公认标准。采用公平交易原则可以避免不适当的利润或损失转移，尽量减少双重课税的风险。为正确使用这项原则，跨国企业应配合税务机关，并针对其从事的国际交易及其相关方从事的国际交易，提供与这些交易的转让定价方法有关的所有信息，或是法律在这方面要求的信息。跨国企业和税务机关通常都难以确定转让定价是否充分反映了公平交易标准（或原则），而且也无法准确运用这项原则，这一点已为各方公认。

128. 经合组织财政事务委员会不断开展工作，为确保转让定价体现正常交易原则提出建议。其工作成果是 1995 年出版了《经合组织跨国企业和税务管理转让定价指南》（简称《转让定价指南》），该指南是《关于确定关联企业间转让定价的建议》[OECD/LEGAL/0279]的主题（跨国企业集团成员通常属于关联企业的定义范围）。《经合组织转让定价指南》不断更新，以反映全球经济的变化以及税务管理部门和纳税人处理转让定价的经验。重要的是，理事会建议于 2017 年进行了修订，以反映理事会对 BEPS 一揽子计划的认可，加强《转让定价指南》在经合组织成员之外的影响和相关性，并通过支持《转让定价指南》的及时实施，使政府和纳税人对《转让定价指南》的未来修订情况有更清晰的认识和法律确定性。正常交易原则适用于为确定东道国根据税务条约的征税权而确定常设机构利润的归属，这是 2008 年通过的经合组织理事会建议的主题。

129. 经合组织《转让定价指南》侧重于应用正常交易原则评估关联企业的转让定价。它旨在帮助经合组织成员国和非成员国的税务管理部门和跨国企业，为转让定价案例指出双方都满意的解决方案，从而最大限度地减少税务管理部门之间以及税务管理部门与跨国企业之间的冲突，避免代价高昂的诉讼。鼓励跨国企业遵循经合组织修订和补充的《转让定价指南》中的指导，以确保其转让价格反映正常交易原则。

130. 经合组织/二十国集团 BEPS 项目更广泛地加强了适用于跨国企业集团的国际税收结构的连贯性和一致性。值得注意的是，《实施与税收协定有关的措施以防止税基侵蚀和利润转移的多边公约》[OECD/LEGAL/0432]促进了一系列措施的实施，以解决避税问题并提高国际税收规则的一致性，包括避免条约滥用和改进争端解决的最低标准。这一体系的成功以积极的伙伴关系、合作和互惠网络为前提。

第二部分：经合组织《跨国企业负责任商业行为准则》的实施程序

理事会关于《跨国企业负责任商业行为准则》的决定

理事会

鉴于 1960 年 12 月 14 日《经济合作与发展组织公约》第 5 a）款；

考虑到 经合组织《国际投资与跨国企业宣言》（"宣言"）[OECD/LEGAL/0144]，其中成员和非成员（"加入国）共同建议在其境内或从其境内开展业务的跨国企业遵守《跨国企业负责任商业行为准则》（《准则》）；

认识到 由于跨国企业的业务遍及全世界，在与《宣言》有关的问题上的国际合作应扩展到所有国家；

认为 应加强就《准则》所涵盖事项进行磋商的程序，并提高《准则》的效力；

根据投资委员会的建议：

决定

I.负责任商业行为国家联络点

1. 加入国应建立负责任的商业行为国家联络点，以进一步提高《准则》的有效性。国家联络点应承担以下职责：

  a) 促进对《准则》的认识和采纳，包括答复询问；
  b) 帮助解决在具体情况下实施《准则》时出现的问题。

此外，在适当情况下，国家联络点还可与相关政府机构协调，为国家政府制定、实施和促进政策一致性的工作提供支持，以促进负责任的商业行为。

应向工商企业界、工人组织、其他非政府组织和其他有关各方通报国家联络点的可用性。

2. 如果有需要，不同加入国的国家联络点应就与其活动相关的任何与《准则》有关的问题开展合作。作为一般程序，在与其他国家联络点进行接触之前，应先在国家层面开展讨论。

3. 国家联络点应定期举行会议，交流经验并向投资委员会报告。

4. 加入国应向其国家联络点提供人力和财政资源，使其能够在考虑到内部预算能力和实践的情况下，以完全符合本决定所附程序中所述有效性标准的方式有效履行其职责。

5. 加入国应根据负责任的商业行为工作组采纳的方式，定期对其国家联络点进行同行评审。

II.投资委员会和负责任商业行为工作组

1. 投资委员会（"委员会"）应监督《国际投资与跨国企业宣言》的实施。负责任商业行为工作组应协助委员会执行《宣言》第一部分有关《准则》的职责。

2. 委员会应定期或应加入国的要求，就《准则》所涵盖的事项及其应用过程中取得的经验交换意见。委员会应定期邀请经合组织工商咨询委员会（BIAC）、经合组织工会咨询委员会（TUAC）以及经合组织观察团（OECD Watch）以及其他国际合作伙伴就《准则》所涵盖事项发表意见。此外，还可应它们的要求，就这些事项交换意见。

3. 委员会应就《准则》涵盖事项与《准则》非加入国进行接触，以便根据《准则》在全世界促进负责任的商业行为，并创造一个公平的竞争环境。委员会还应努力与对《准则》特别感兴趣的非加入国合作，推广《准则》的原则和标准。

4. 委员会负责解释《准则》。要求作出解释的具体事例所涉及的有关方面应该有机会以口头或书面形式发表意见。委员会不应根据个别企业的行为形成结论。

5. 委员会应就国家联络点的活动交换意见，以提高《准则》的效力，促进国家联络点的功能等同。

6. 委员会应定期就《准则》盖事宜向理事会报告，在报告中委员会应酌情考虑国家联络点的报告以及机构咨询团体 BIAC、TUAC 和 OECD Watch 以及其他国际合作伙伴和非加入国的意见。

7. 委员会应与国家联络点合作，积极促进企业切实遵守《准则》所载的原则和标准。委员会应特别寻求与机构咨询团体 BIAC、TUAC、OECD Watch 以及其他国际合作伙伴和其他利益相关方合作的机会，以鼓励跨国企业在《准则》范围内为经济、环境和社会进步做出积极贡献，从而实现可持续发展，并帮助识别和应对与特定产品、区域、部门或行业相关的不利影响风险。

III. 决定的执行和审查

1. 本决定所附的程序规定了适用于加入国、国家联络点、委员会和负责任商业行为工作组的建议和指导。

2. 应定期审查本决定。委员会应就此提出建议，负责任商业行为工作组可以制定并向委员会提出此类建议。

程序

I. 负责任商业行为国家联络点

负责任商业行为国家联络点的作用是促进《准则》的有效性。国家联络点将根据以下方式开展工作：

1. 可见性、
2. 可及性、
3. 透明度、
4. 问责制、
5. 公正和公平、
6. 可预测性、
7. 与《准则》一致。

这些原则共同构成了国家联络点的核心效力指标。国家联络点考虑到各自的具体情况，将追求功能等同，即所有国家联络点通过实现核心有效性指标，实现同等程度的有效运作。

A. 机构安排

根据国家协调方案的功能等同性和促进《准则》有效性的目标，加入国可灵活组织其国家协调方案，以满足核心有效性指标。在确定国家协调方案的机构安排时，政府将寻求社会合作伙伴（如适用）、其他利益相关方以及其他相关政府机构的积极支持。

因此，国家联络点应该：

1. 有足够的成员组成，组织有序，资源充足，为处理《准则》所涵盖的广泛问题提供有效的基础，能够获得国家联络点职权相关各个方面的专业知识，以公正的方式运作，并对加入国政府保持适当的问责制。
2. 可采用不同的组织形式来满足核心有效性指标和并追求功能等同，同时牢记保持利益相关方信任的重要性。例如，国家联络点可以由一名高级政府官员或由高级官员领导的政府办公室组成；由高级官员组成或领导的机构间或跨部委机构；由政府、工商企业界、工人组织和其他非政府组织（多方利益相关方）的代表和/或独立专家组成的机构。鼓励各国政府在咨询或监督机构中纳入工商企业界、工人组织和其他非政府组织的代表，以协助国家联络点履行职责。
3. 将适当地和社会合作伙伴以及工商企业界、工人组织、非政府组织和/或其他有关各方的代表发展和维持有意义的关系，并与他们互动，以促进《准则》的有效性。

B. 信息与宣传

国家联络点将：

1. 通过适当方式，包括在线信息和当地语言，宣传并提供《准则》。国家联络点还应宣传经合组织关于负责任商业行为的相关尽责管理指南，同时考虑到《准则》第二章评注第 15 条所述指南的特殊性质。应酌情向相关利益相关方，包括潜在投资者（对内和对外）宣传《准则》。
2. 通过与相关政府机构、工商企业界、工人组织、其他非政府组织和感兴趣的公众合作等方式，提高对《准则》以及《准则》实施程序和国家联络点的认识。

3. 答复有关《准则》和经合组织尽责管理指南以及国家联络点的询问，包括来自以下方面的询问：
    a) 其他国家联络点；
    b) 工商企业界、工人组织、其他非政府组织和公众；
    c) 非加入国政府。

C.具体事例

国家联络点将作为一个非司法申诉机制，以符合上文第 I.A 款所列核心有效性标准的方式，帮助解决在具体情况下实施《准则》时出现的问题。国家联络点将公布其具体事例处理程序，即在处理具体事例时遵循的程序，这些程序将与本程序保持一致。鼓励国家联络点在制定具体事例处理程序时征求利益相关方的意见。国家联络点将提供一个讨论平台，并提供有关《准则》的专业知识，以协助工商企业界、工人组织、其他非政府组织和其他有关各方根据适用法律和《准则》，有效和及时地解决所提出的问题。根据每个案例的特点，这种支持可能包括建设性对话、促进各方达成协议和/或提出建议。此类援助的目的可能包括在未来进一步实施《准则》和/或以符合《准则》的方式解决不利影响。

在提供这种援助时，国家联络点将：

1. 如果具体事例的实际情况涉及其他国家联络点，则真诚地与有关国家联络点协调，以选择主导地和起支持作用的国家联络点。
2. 就提出的问题与各方进行磋商，初步评估这些问题是否值得进一步调查，并答复相关各方。
3. 如果在初步评估的基础上，国家联络点认为所提出的问题需要进一步调查，则提供斡旋，帮助有关各方解决问题。为此，国家联络点将与有关各方协商，并在相关情况下：
    a) 征求有关部门和/或工商企业界代表、工人组织、其他非政府组织和相关专家的意见；
    b) 和其他相关的加入国的国家联络点磋商；
    c) 如果对《准则》的解释有疑问，可向秘书处寻求类似具体事例的信息，或者向负责任商业行为工作组寻求指导。这些信息和指导是咨询性的、保密的和针对具体事例的，并不等同于对《准则》解释的澄清，根据下文第 II.2.c)款，这仍然是委员会的责任。在资源允许的情况下，应尽快提供意见，以避免延误案件的处理；
    d) 提供并在征得有关各方同意的情况下，促进各方采用协商一致的非对抗性手段，如调停或调解，以协助各方解决问题。
4. 在程序结束后，经与相关各方协商，通过发布最终声明公开程序的结果，同时考虑到保护敏感的商业信息和其他利益相关方信息的需要：
    a) 当国家联络点决定所提出的问题不需要进一步审查时，声明应至少说明所提出的问题、各方各自的适当立场、国家联络点在审议呈件时所采取的步骤、各方在程序中的参与情况，以及国家联络点做出决定的原因；
    b) 当各方就提出的问题达成协议时，声明应至少说明所提出的问题、各方各自的适当立场、国家联络点为协助各方所采取的步骤以及何时达成协议。关于协议内容的信息只有在相关各方同意的情况下才包括在内。在达成协议后，国家联络点还可酌情在其声明中列入关于执行《准则》的建议；
    c) 当未达成协议或一方不愿参与程序时。该声明应至少说明所提出的问题、当事方各自的适当立场、国家联络点认为所提出的问题值得进一步审查的原因，以及国家联络点为协助当事方而采取的步骤，包括当事方参与程序的信息。在相关情况下，国家联络点还应包括关于执行《准则》的建议。在适当情况下，声明还可包括无法达成协议的原因。如果适用法律和国家联络点的案件处理程序允许，国家联络点可自行决定在其最后声明中阐述其对企业是否遵守《准则》的建议。

    国家联络点将及时向委员会和负责任商业行为工作组通报具体事例的结果。

5. 在具体事例结束后，根据建议的执行情况或各方达成的协议（如有）开展相关的后续工作。国家联络点应发布后续声明。国家联络点打算采取的任何后续行动也应在最后声明中提及，包括截止日期。

6. 采取透明的措施，让具体案件的相关各方了解其他各方提交给国家联络点的所有相关事实和论据，尤其是在斡旋阶段。然而，在一方提出合理要求的情况下，例如为了保护敏感信息和/或具体事例中涉及的利益相关方的利益，国家联络点可对其他各方保密某些信息。
7. 告知各方，在程序期间或之后，不得公开或向第三方披露其他各方或国家联络点（包括相关情况下的外部调停人或调解人）在上文第 1-5 条所述程序期间共享的事实和论据，除非共享方同意披露，或者此类事实和论据已在公共领域，或者不披露将违反国家法律规定。
8. 如果在非加入国中出现具体事例，应采取步骤了解相关问题，并遵循本程序开展工作。
9. 在整个过程中，国家联络点应在其力所能及的范围内采取一切适当措施，以应对特定事件中各方遭受报复的风险。如果意识到实际或潜在的报复风险，国家联络点应尽可能支持相关方避免和减轻任何伤害，并在可能的情况下与面临风险的人员协商，与相关部门联系。各国政府还应采取相关措施，保护国家联络点及其成员免遭报复。

D. 支持政府努力促进负责任的商业行为

为促进《准则》的有效性，国家联络点可适当地与相关政府机构协调，支持其政府为制定、实施和促进旨在促进负责任的商业行为的政策的一致性而做出的努力。提供或请求此类支持时，应考虑到国家联络点履行《决定》第 I.1 款所述职责的资源和能力。

E. 报告

1. 每个国家联络点将每年向委员会和负责任商业行为工作组提交报告。
2. 报告应包含有关国家联络点活动的性质和结果的信息，包括具体情况。

F. 同行评审

加入国将在秘书处的组织下定期对其国家联络点进行同行评审，以此提高《准则》的有效实施，分享最佳实践，促进国家联络点的有效性和功能等同性。定期同行评审的方式，包括开展同行评审的程序、周期的持续时间和资金安排，将由负责任商业行为工作组批准，并在每个周期结束时进行审查。只有在这些安排获得批准后，才能启动第一个周期的同行评审。

II. 投资委员会、负责任商业行为工作组和秘书处

1. 委员会、负责任商业行为工作组和秘书处将根据各自的职责，考虑国家联络点在开展活动时提出的协助请求，包括在特定情况下对《准则》的解释有疑问时。

2. 委员会将在负责任商业行为工作组的协助下，加强《准则》的有效性，促进国家联络点的功能等同：

a) 考虑上文第 I.E 款所述的国家联络点年度报告。根据这些报告，负责任商业行为工作组将每年发布一份公开报告，分析国家联络点的活动；

b) 考虑加入国、机构咨询团体 BIAC、TUAC 和 OECD Watch 就国家联络点在处理具体事例所提交的材料是否符合其责任的履行。委员会将在全体共识的基础上批准对所提交材料的答复。提交材料的国家联络点将本着诚意参与这一过程并加入全体共识，除非情况特殊；

c) 应加入国、机构咨询团体 BIAC、TUAC 或 OECD Watch 的请求，考虑发布对《准则》解释的说明。此类请求可能涉及国家联络点在特定情况下是否正确解释了《准则》，在这种情况下，委员会不应就企业个体的行为得出结论；

d) 在必要时提出建议，以改善国家联络点的运作和《准则》的有效实施。如果根据最近两个年度报告周期的情况且在负责任商业行为工作组的提议下，委员会确信某国家联络点在很长一段时间内，在没有正当理由的情况下，明显没有按照本程序运作，委员会可向该联络点提出适当的建议，并请其在规定的时间内作出报告，委员会可反复采取此类措施，直至委员会认为问题得到满意解决为止。委员会和负责任商业行为工作组将以协商一致的方式就这些问题做出决定。涉及的国家联络点的加入国将本着诚意参与这一进程并加入共识，除非情况特殊；

e) 与国际伙伴合作；

f) 就《准则》及其实施所涉及的问题与感兴趣的非加入国进行接触。

3. 委员会和负责任商业行为工作组可就《准则》涵盖的所有事项寻求并考虑专家意见。为此，委员会将决定适当的程序。

4. 委员会和负责任商业行为工作组将高效、及时地履行职责。

5. 在履行其职责时，委员会和负责任商业行为工作组将得到秘书处的协助，秘书处将在委员会和负责任商业行为工作组的全面指导下，根据经合组织的工作计划和预算，开展以下工作：

a) 作为信息中心，为对《准则》的推广、解释和实施有疑问的国家联络点提供帮助。将根据上述I.C.2.c)有关《准则》的解释提供信息；

b) 收集并公布与国家联络点的机构安排、宣传活动和《准则》实施的最新趋势和新兴实践的相关信息，包括通过支持负责任商业行为工作组发布以上II.2.a）所述的分析国家联络点工作的年度报告。秘书处将制定统一的报告格式，支持建立和维护有关具体事例的最新数据库，并定期对具体事例进行分析；

c) 促进同行学习活动以及能力建设和培训，特别是对新加入国的国家联络点和新的国家联络点工作人员进行有关《准则》及其实施程序的培训，如提高宣传、和解与调停能力的培训；

d) 如上文第I.F款所述，定期组织国家联络点同行评审；

e) 在适当情况下促进国家联络点之间的合作；以及

f) 在相关国际论坛和会议上宣传《准则》，并支持国家联络点和委员会致力提高非加入国对于《准则》的认识。

III.杂项

这些程序并不在国际法规定下产生额外的权利或义务。

实施程序的评注

1. 理事会的决定代表了加入国对进一步落实《准则》建议的承诺。程序附于理事会决定之后，概述了对加入国、负责任商业行为国家联络点、投资委员会（委员会）、负责任商业行为工作组和秘书处的期望、建议和其他指导，不会产生国际法规定下的额外权利或义务。期望用“将”表示。建议用“应”或“鼓励”表示。指导用“可”或“能”表示。

2. 理事会的决定概述了加入国，包括国家联络点在《准则》方面的主要责任，概述如下：

- 建立国家联络点，并告知有关各方《准则》可加以利用的相关内容。
- 提供必要的人力和财政资源。
- 使不同加入国的国家联络点能够在必要时相互合作。
- 使国家联络点能够定期举行会议并向委员会报告。

3. 理事会的决定还明确了委员会在《准则》方面的职责，包括

- 就与《准则》有关的事项组织意见交流。
- 必要时作出解释。
- 就国家联络点的活动交换意见。
- 向经合组织理事会报告《准则》实施的有关情况。

4. 投资委员会是经合组织负责监督《准则》运作的机构。这一职责不仅适用于《准则》，也适用于《宣言》的所有内容（国民待遇文书、关于国际投资的鼓励和抑制办法以及相互矛盾的需求的文书）。委员会努力确保《宣言》中所有组成部分都得到尊重和理解，并确保它们相互补充和协调运作。

5. 负责任商业行为工作组是委员会的附属机构，其职责与《准则》和《决定》相关。“程序”列出了负责任商业行为工作组向委员会提供协助的多种方式，包括

- 制定国家联络点定期同行评审的模式，监督秘书处组织同行评审的情况，并批准同行评审报告；
- 向在特定情况下对《准则》的解释有疑问的国家联络点提供指导；
- 准备委员会对清晰、确凿的提交材料和澄清《准则》解释的要求做出答复；
- 在国家联络点在没有正当理由的情况下长期不运作的情况下，向委员会做出建议；
- 支持委员会审议国家联络点的年度报告，并发布关于国家联络点活动的年度公开报告。

6. 鉴于负责任的商业行为与非加入国的关系日益密切，《决定》建议就《准则》所涉事项与非加入国进行接触与合作。这项规定允许委员会安排与感兴趣的非加入国举行特别会议，以促进对《准则》所载标准和原则及其实施程序的了解。在遵守经合组织相关程序的前提下，委员会还可让非加入国参与有关负责任商业行为的活动或项目，包括邀请非加入国参加委员会会议。

7. 委员会将与国家联络点合作，并寻找机会与咨询团体 BIAC、TUAC 以及 OECD Watch 和其他国际伙伴合作，以积极促进《准则》的有效实施。特别是，作为监督《宣言》实施工作的一部分，委员会将负责任商业行为工作组的支持下，为企业提供指导，并努力提高企业实施尽责管理的能力，包括增强企业在特定行业、地理区域和风险领域的能力。尤其将通过多方利益相关方的参与来开展这项工作，并与国家联络点合作，考虑中小型企业的需求。下文第 21 条为国家联络点提供了这方面的进一步指导。

I. 国家联络点程序评注

8. 国家联络点在提高《准则》的知名度和有效性方面发挥着重要作用。虽然在日常行为中遵守《准则》是企业的责任，但政府及其国家联络点可以为改善《准则》的有效实施做出贡献。为此，他们同意通过包括定期会议和委员会监督等方式，有必要更好地指导国家联络点的组织和活动。

9. “决定”的程序中所陈述的许多职能和活动并不是新内容，而是反映了多年来形成的经验和建议。通过明确这些职能和活动，《准则》实施机制的运作更加透明。程序中与国家联络点有关的六个部分概述了所有功能：机构安排、信息和宣传、具体事例、支持政府促进负责任的商业行为、报告和同行评审。

10. 在这六个部分之前有一个介绍性段落，阐述了国家联络点的基本宗旨以及核心有效性指标。虽然各国政府在组织国家联络点的方式上具有灵活性，但所有国家联络点的运作都应具有同等程度的有效性，即 “功能等同性”。功能等同对于整个国家联络点网络有效促进《准则》的实施至关重要，特别是在各个国家联络点充分参与具体事例机制方面。各个国家联络点的这种参与对利益相关方的信心和国家联络点的全面有效性都很重要。国家联络点将根据各自的具体情况，通过在履行职责时达到下文所述的核心有效性指标来追求功能等同，这也将有助于委员会和负责任商业行为工作组进行同行评审和讨论国家联络点的行为。

国家联络点活动功能等同的核心有效性指标：

a. 可见性。

根据决定，加入国同意建立易于国内外相关方和有关政府机构识别的国家联络点，并向工人组织和包括非政府组织在内的其他有关各方通报在实施《准则》过程中与国家联络点相关设施的可用性。作为这方面的一个基本步骤，国家联络点将建立一个网站或网页。各国政府应公布有关其国家联络点的信息，如其在政府中的位置、机构安排和案件处理程序，并积极参与推广《准则》，其中可包括有关该文书的宣传活动和材料。这些活动或材料可以与企业、劳工、非政府组织和其他利益相关方合作准备，但不一定每次都需要与所有团体合作。

b. 可及性。

可及性对于国家联络点的有效性很重要。可及性包括为企业、劳工、非政府组织和其他公众成员提供和国家联络点联系便利。国家联络点应回应所有合法的信息请求，并承诺高效、及时地处理具体事例。国家联络点将不收取提交费用，并将清楚地说明提交案件的要求，各方可以随时获取国家联络点的资源，而且不会造成不必要的负担。在适当且与国家联络点的时间和预算能力相称的情况下，国家联络点还可向有关各方提供公正和公平的援助。例如，此类援助可能涉及语言和翻译的使用、关于提交可受理的申请和参与调解的指导、允许在截止日期方面的灵活性，或为参与程序提供负担得起的选项，如远程会议设施。

c. 透明度。

透明度是一项重要标准，因为它有助于其他核心有效性标准，也有助于赢得利益相关方、具体事例当事方和公众的信任。因此，作为一般原则，在符合适用法律的情况下，国家联络点的活动将是透明的。例如，向经合组织公布国家联络点的年度报告就能体现透明度。然而，在特定情况下，国家联络点可根据《程序》第 I.C.6-7 节及相关评注，对程序的某些方面进行保密。

d. 问责制。

鉴于国家联络点在提高《准则》知名度的作用，以及在帮助应对企业与其所在社会之间的棘手问题方面的潜力，国家联络点将对其活动负责。在国家层面，议会、政府、国家联络点的咨询机构（如果有的话）以及利益相关方都可以发挥作用，对国家联络点的活动提供反馈，并作为不断学习的参照，提高国家联络点的绩效。国家联络点的年度报告和定期会议、同行学习活动和同行评审将为分享国家联络点的经验和鼓励“最佳实践”。负责任商业行为工作组还将举行意见和经验交流会，以评估国家联络点活动的成效。

e. 公正、公平。

公正和公平是各利益相关方、具体事例的当事方和公众保持信心的先决条件。因此，各国政府在组织其国家联络点时，应确保其能够公正行事并得到这方面的认可。国家联络点将确保在解决具体事件时的公正性，包括积极防范和解决代表国家联络点协助各方解决具体事件中提出的问题的任何人可能存在或被认为存在的利益冲突。国家联络点还应努力确保，特别是通过明确和可利用的案件处理程序，使各方能够在公平和公正的条件下参与该程序，例如，努力确保权力和资源不平衡不会妨碍各方有效参与该程序，或提供合理途径获取与该程序相关的信息来源。

f. 可预测性。

国家联络点的行动将提供明确和公开的信息，说明其在履行职责，特别是在解决具体问题时所发挥的作用和遵循的程序。应提供此类信息的领域包括

- 提供斡旋、
- 具体审理程序的各个阶段，包括初步评估的指示性时限和标准、
- 对诚信和保密的期望、
- 进程的性质及其可能的结果，以及
- 国家联络点在监督各方达成的协议或国家联络点提出的建议的执行情况方面可以发挥的作用。

国家联络点将公布以清晰易懂的措辞起草的案件处理程序，并定期向具体案件的当事方通报案件进展情况，特别是在下文第 51 和 52 条规定的指示性时限需要延长的情况下。

g. 与《准则》相一致。

国家联络点将以符合《准则》的方式开展工作。在处理具体案件时，这主要是指与各方合作，避免出现任何规定与《准则》相悖或案件处理程序与程序不一致的情况。

机构安排

11. 国家联络点的机构安排将使国家联络点能够达到核心有效性指标，保持社会合作伙伴（如适用）和其他利益相关方的信心，并提升《准则》的公众形象。“决定”和“程序”为加入国提供了决定其国家联络点机构安排的灵活性，确定了一些可能的选择方案。“决定”和“程序”还列出了满足这些期望所需的最基本特征，如高级别代表的参与、充足的人力和财力资源，以及在《准则》所涵盖的问题上有足够的专业知识。各国政府可根据本国国情，灵活使用不同的国家联络点名称。为增强对国家联络点的信心，政府应就可能对国家联络点的机构安排产生重大影响的决策征求利益相关方的意见。

12. 无论政府为其国家联络点选择何种结构，都鼓励它们建立多方利益相关方咨询或监督机构，以协助国家联络点履行职责。

13. 充足的资源对于国家联络点的有效性和权威性至关重要。“决定”要求加入国为其国家联络点提供必要的人力和财政资源，以便国家联络点有效履行职责，充分满足有效性指标。鼓励加入国酌情向国家联络点提供此类资源，作为专项预算的一部分。在人员轮换的情况下，加入国应保证连续性。这可包括根据需要并在秘书处的支持下为新人员提供适当培训，并保留机构记录。

14. 国家联络点，无论其组成如何，都将与相关政府机构、工商企业界、工人组织、其他非政府组织和其他有关各方的代表发展并保持有意义的关系和接触，以获得利益相关方的积极支持和信任。

信息与宣传

15. 与信息和宣传相关的国家联络点职能对于提高《准则》在利益相关方和公众中的形象和知名度，以及鼓励企业按照《准则》行事并在此过程中使用经合组织尽责管理指南具有根本性的重要意义。

16. 要求国家联络点积极推广《准则》，并鼓励国家联络点在相关情况下推广经合组织尽责管理指南，特别是根据理事会关于此类指南的建议，并考虑到《准则》第二章评注第 15 条所述指南的特殊性质。推广活动的例子包括为利益相关方提供材料，或组织或参与有关负责任商业行为的活动。经合组织、其他国家联络点或相关参与者组织的与负责任的商业行为有关的活动也可以进行推广。国家联络点的推广活动及相关信息应易于获取，可在网络上或通过其他适当方式获得，包括以本国语言提供。应在国家联络点网站

上提供《准则》和经合组织关于负责任商业行为的尽责管理指南的链接。经合组织秘书处将提供英文和法文版本。

17. 在适当情况下，国家联络点将寻求以公平的方式向各种具有代表性的相关利益相关方提供上述活动和信息。例如，程序中提到了未来的投资者，包括内向投资者和外向投资者。此外，还鼓励国家联络点与相关政府机构和外交网络建立联系，这些机构和网络可作为重要的宣传渠道，促进《准则》的实施并提高国家联络点的知名度，包括与其他国家的利益相关方建立联系。根据国家联络点的具体情况和资源，利益相关方地图和宣传计划可能有助于扩大国家联络点宣传工作的范围和影响。

18. 国家联络点还应根据核心有效性指标提供有关其职责和活动的信息。国家联络点应向相关利益方宣传其在具体事例中的作用，包括在可能和适当的情况下，向具体事例的潜在提交者宣传其在具体事例中的作用。这应包括有关各方在提交或回应特定案例时应遵循的流程的信息、有关提交特定案例所需信息的建议、对参与特定案例的各方的要求（包括保密性），以及国家联络点将遵循的流程和指示性时限。

19. 在努力提高对《准则》的认识过程中，国家联络点将与各种组织和个人合作，包括相关的政府机构、工商企业界、工人组织、非政府组织和其他有关各方。这些组织在宣传《准则》方面有很大的相关性，其机构网络为宣传提供了机会，如能加以利用，将大幅加强国家联络点在这方面的努力。

20. 国家联络点应开展的另一项基本活动是回应合法问询。在这方面，有三个群体需要特别关注：i）其他国家联络点（反映了决定中的一项规定）；ii）企业界、工人组织、其他非政府组织和公众；iii）非加入国政府。

21. 为支持委员会和负责任商业行为工作组积极主动地推动《准则》的实施，国家联络点应与社会合作伙伴（如适用）和其他利益相关方保持定期联系，包括举行会议，以便：

a）考虑有关负责任的商业行为的新发展和新做法；

b）支持企业为经济、社会和环境进步做出积极贡献；

c）酌情参与合作行动，以识别和应对与特定产品、地区、行业相关的不利影响风险。

同行学习

22. 除了为委员会和负责任商业行为工作组提高《准则》有效性的工作做出贡献外，国家联络点还将共同参与同行学习活动。这种同行学习可以通过在经合组织举行会议或通过国家联络点之间的直接合作来进行。

同行评审

23. 同行评审是加强有效实施《准则》、分享最佳做法和促进功能等同的重要途径。如决定所述，加入国承诺定期对国家联络点进行同行评审。秘书处将在负责任商业行为工作组的监督下组织此类同行评审。同行评审将评估国家联络点在履行其职责和程序第 I 部分规定的核心有效性标准方面的优缺点，并酌情提出改进建议。

24. 定期同行审议的方式（程序、审议周期的持续时间和资金安排）将在“国家联络点同行评审核心模板”中确定，该模板将有负责任商业行为工作组以协商一致方式批准，并在经合组织网站上公布。负责任商业行为工作组将在每个周期结束时对核心模板进行审查，确保国家联络点有足够的时间准备同行评审，同行审查不会造成不合理的负担，对政府和国家联络点（包括同行审查国家联络点）而言具有成本效益，并考虑到负责任商业行为工作组和秘书处的工作量，同行评审国家联络点的遴选程序要确保所有国家联络点都有机会参加工作小组。定期同行评审周期将在负责任商业行为工作组批准后开始。

具体事例

25. 当在具体情况下出现与实施《准则》有关的问题时，国家联络点应充当非司法申诉机制，协助解决这些问题。在这种情况下，国家联络点将致力于促进各方之间的对话，支持他们为所提出的问题寻求相互同意的、符合《准则》的解决方案，同时也积极地为这种对话提供有关《准则》的专业知识。国家联络点还应起草最后声明，为解决问题和实施《准则》提供指导。经合组织《负责任商业行为尽责管理指南》和经合组织针对行业的尽责管理指南是国家联络点了解和宣传《准则》的有用资源，但不作为提交具体事例的唯一依据。每个国家联络点都将公布清晰易懂的案件处理程序，概述与本程序一致的具体案件处理流程。鼓励国家联络点与利益相关方协商制定案件处理程序。

诚信参与

26. 具体审理程序是自愿的。参与具体事例的各方都应真诚地参与。在这种情况下，善意参与意味着及时做出回应，酌情保密并与国家联络点的案件处理程序保持一致，不歪曲问题和程序，尤其是在公开沟通渠道，不威胁或报复参与程序的各方或国家联络点本身，并真正地参与程序，以期为所提出的关切找到符合《准则》的解决方案，包括认真考虑国家联络点提出的所有斡旋建议。

27. 如果国家联络点意识到针对具体案件所涉人员、或针对国家联络点或其成员的报复威胁或存在，则应在其能力范围内采取措施，并酌情与外交使团等其他相关政府实体协商，以确保面临风险的人员得到充分保护，并确保诉讼程序能够以安全、无障碍、公平和公正的方式继续进行。在采取这方面的任何行动之前，国家联络点将尽可能与面临风险的人进行协商。报复可能包括威胁伤害个人、其家人或其他关系人，不适当地威胁终止就业或福利，或不适当地威胁采取法律行动。适当的措施可包括对面临风险者的身份保密、建议由可信赖的第三方代表面临风险者、在声明中记录试图报复行为、联系相关部门或协助面临风险者采取这些措施。

28. 此外，为保持可及性和公正性，各国政府应根据国内法律并与政府主管部门协商，采取适当措施保护国家联络点及其成员免遭报复。各国政府应支持国家联络点为保护自身及其成员而采取的措施。

国家联络点之间在具体事例下的协调

29. 由于《准则》是由加入国针对“在其境内或来自其境内”经营的企业制定的，国家联络点可能会收到有关在其国内发生的问题的具体事例，或者有关来自其境内的企业的问题。因此，某些具体事例可能涉及多个加入国的国家联络点，如

- 具体事例涉及不同的投资来源国和东道国（例如，总部设在一个加入国的企业，其活动在另一个加入国产生影响，或企业总部设在多个加入国）；
- 如果在一个具体事例中提出的问题发生在几个加入国中，或涉及在几个加入国境内的几家企业；
- 同一具体事例或相关具体事例（如涉及同一项目或同一供应链中不同企业的具体事例）被提交给多个国家联络点。

在这种情况下，收到具体事例的国家联络点将从开始就通知所有其他相关国家联络点并与之协调，目的是确定牵头和发挥支持作用的国家联络点，并采取协调安排。

30. 一般来说，出现问题所在国家的国家联络点是牵头单位。但是，在某些情况下，可能会采用其他标准，例如，为促进所提问题的解决而需要时，或问题发生在非加入国时。应随时向各方通报协调安排，并在决定将案件移交给与提交案件的国家联络点不同的牵头国家联络点时征求各方意见。

31. 牵头国家联络点负责具体事例审理程序的所有方面，其案件处理程序将适用于该程序。在整个具体案件审理过程中，支持性国家联络点将随时了解进展情况，并可提供资源，例如审查陈述/报告、提供翻译服务、支持与各方的联席会议以及其他实际援助。提供支持的国家联络点将本着诚意采取行动，促进具体案件的解决，所有参与的国家联络点都将尊重从其他国家联络点收到的信息和材料的保密性和适当使用。

32. 国家联络点在讨论牵头和支持国家联络点的选择以及它们之间的协调时，可寻求负责任商业行为工作组主席的协助和建议。如果国家联络点未能达成共识，收到具体事例的国家联络点应与其他相关国家联络点协商，就案例做出最终决定，并定期向他们通报案例的进展情况。

初步评估

33. 在就所提问题与各方协商，并根据上文第 29-32 条与其他相关国家联络点协调指定牵头国家联络点之后，国家联络点将初步评估所提问题是否值得进一步审查。

在进行初步评估时，国家联络点将考虑以下因素：

- 有关当事方的身份及其在此事中的利益；

- 问题是否具有实质性，即与《准则》的实施是否相关；是否有根据，即是否有充分和可信的信息支持；
- 企业是否属于《准则》的涵盖范围；
- 企业活动与具体事例中提出的问题之间是否存在联系；
- 根据下文第 35 条，适用法律和/或并行程序在多大程度上限制了国家联络点促进问题解决和/或《准则》实施的能力；
- 对该问题的调查是否有助于《准则》的宗旨和有效性。

34. 在初步评估之后，国家联络点将答复相关各方。如果国家联络点决定这些问题不需要进一步调查，将把决定的理由通知有关各方。关于案件需要进一步审查的决定并不意味着所提出的问题已得到最终考虑，也不意味着对企业是否按照《准则》行事有任何结论。

并行程序

35. “并行程序”一词是指，可能在国内或国际上涉及相同或密切相关的问题并可能影响正在进行的具体案件的司法或非司法程序。例如，这包括由同一国家程序或另一国家程序审理的具体案件。如果已经进行、正在进行或有关当事方可以进行平行程序，这并不妨碍国家联络点为当事方提供斡旋。国家联络点应评估提供斡旋是否会对解决所提出的问题和/或继续执行《准则》做出积极贡献，以及是否会对参与其他程序的任何一方造成严重损害或导致藐视法庭的情况。在进行评估时，国家联络点可考虑其他国家联络点的做法，考虑是否可能部分接受具体案件，或在并行程序进行期间暂停对案件的审查，并酌情与正在或可能进行并行程序的机构进行磋商。国家联络点在考虑这些事项时，将寻求当事方的协助，要求其提供关于平行程序的相关信息和意见。

斡旋

36. 如果所提出的问题需要进一步调查，国家联络点将提供“斡旋”，努力促进问题的解决。作为斡旋工作的一部分，国家联络点可在符合国家联络点自身案件处理程序的情况下，寻求相关部门以及商界代表、劳工组织、其他非政府组织和专家的建议。与其他国家的国家联络点协商，或向秘书处寻求信息，或向负责任商业行为工作组寻求有关《准则》解释问题的指导，也可能有助于解决问题。

37. 通过斡旋，国家联络点将为各方提供一个对话平台，协助解决提出的问题。根据具体实例程序的非司法性质，并在当事方同意的情况下，国家联络点的作用包括创造对话条件，使当事方围绕企业今后进一步实施《准则》的承诺达成一致，并在相关情况下，根据《准则》处理可能已经发生的不利影响。在促进对话的同时，国家联络点应解释《准则》中与所提问题相关的规定，以此支持各方达成符合《准则》的协议。

38. 作为斡旋工作的一部分，国家联络点将在与相关问题有关的情况下，提供或协助各方利用调停或调解等协商一致的非对抗性程序，以协助各方解决相关问题。与公认的调停和调解做法一样，这些程序只有在有关各方同意并承诺在程序期间真诚参与的情况下才会使用。如果选择调停，国家联络点可选择自己进行调停，或在与当事方协商后聘请外部调停人进行调停或支持调停。

程序结束

39. 国家联络点应始终按照程序第 I.C-4 和 I.C-6 款的规定，公布具体实例的结果。

40. 当国家联络点在进行初步评估后，决定在具体事例中提出的问题不需要进一步审查时，它将在与有关各方协商并考虑到需要为敏感的商业信息和其他信息保密的情况下，公布一份声明。如果国家联络点认为，根据其初步评估的结果，在关于其决定的声明中公开指明某一方的身份是不公平的，它可以在起草声明时保护该方的身份。

41. 国家联络点还可公布其关于所提出的问题需要进一步审查的决定，以及向有关各方提供斡旋的提议。

42. 如果有关各方就所提出的问题达成一致意见，各方应在协议中说明如何以及在多大程度上公布协议内容。国家联络点在与各方协商后，将向公众公布一份声明，说明程序的结果。即使各方达成一致或部分一致，国家联络点也可以就《准则》的实施提出建议。

43. 如果有关各方未能就所提出的全部或部分问题达成一致意见，如果一方或双方退出程序，或者如果国家联络点发现具体事例中的一方或多方不愿参与或不愿真诚地参与，国家联络点将发表声明，并酌情就所提出问题的《准则》实施情况提出建议。该程序明确规定，即使国家联络点认为没有必要提出具体建议，也将发表声明。声明应指明有关各方、所涉问题、提出问题的日期、国家联络点作出的任何建议，以及其认为应列入的关于程序未达成协议的原因的任何意见。

44. 在适当且与解决问题相关的情况下，如果适用的国家法律及其案件处理程序允许，国家联络点也可自行决定在其最后声明中就企业是否遵守《准则》提出意见。同样，在适当的情况下，国家联络点也可以向相关政府机构通报各方的诚信参与或不诚信参与情况，并应以透明的方式与各方就这方面的计划或实际步骤进行沟通。

45. 国家联络点应为各方提供就声明草案发表意见的机会。但是，声明属于国家联络点，国家联络点可自行决定是否根据各方意见修改声明草案。

后续行动

46. 国家联络点将对其促成的协议或提出的相关建议采取后续行动。例如，在各方拒绝采取后续行动或同意问题已完全解决的情况下，后续行动可能不相关。国家联络点声明中应说明这样做的期限。例如，后续行动可能包括要求各方提供最新信息，或国家联络点与各方（单独或共同）举行一次或多次会议，以评估协议中承诺或国家联络点建议的执行进展情况。国家联络点应在开展后续行动后发布后续声明。

透明度和保密性

47. 透明度被视为国家联络点开展工作的基本原则（见上文有效性核心指标部分第10c款）。不过，程序第 I.C-6 款承认，在某些特定情况下，对当事方提出的某些事实和论据保密是合理的。例如，国家联络点将采取适当措施保护商业机密等敏感商业信息。同样，其他信息，如参与具体事例的个人身份，也应保密，例如，披露这些信息可能会使他们或相关人员面临报复风险。尽管如此，在透明度和保密性之间取得平衡仍然很重要，这样才能建立对具体案件程序的信心，促进《准则》的有效实施。认识到，无论规定如何，国家联络点都有义务遵守有关透明度和信息披露的国家法律。

48. 关于各方共享信息的问题，为了实现公平程序，国家联络点原则上应让各方了解其他各方在程序期间（特别是在斡旋阶段）向国家联络点提出的所有相关事实和论据。如果一方合理要求不与另一方分享呈件全文，特别是为了保护敏感商业信息和其他利益相关方的利益，国家联络点应与呈件方合作编辑任何敏感内容，以方便分享。国家联络点应尽可能避免将其决定的基本内容建立在双方都无法获得的信息基础上。

49. 关于与公众或第三方就具体事例进行沟通的问题，根据透明度这一核心有效性指标，当事方和国家联络点可就具体事例的存在进行公开沟通，除非当事方和国家联络点另有约定。此外，鼓励国家联络点允许各方就程序第 I.C.1.-5 节所述的程序阶段进行公开交流（或自己进行公开交流），并允许各方公布自己的初次提交材料。双方还可就具体事例与其顾问讨论对方共享的信息或文件，但这些顾问本身不得进一步披露此类信息。除非双方另有约定，否则其他信息将予以保密。国家联络点将在程序开始时告知各方当事人，未经另一方当事人或国家联络点同意，不得在任何时候披露另一方当事人或国家联络点本身（包括相关情况下的外部调停人或调解人）在程序期间分享的尚未公开的事实和论据。为了可预测性、信任和信心，国家联络点可要求当事方及其顾问就此作出书面保证，并在其案件处理程序中作出规定，鼓励遵守其不披露要求。

非加入国出现的问题

50. 正如“概念与原则”一章第 2 条所指出的，鼓励企业在任何地方开展业务时都遵守《准则》，同时考虑到每个东道国的特殊情况。

- 如果在不遵守《准则》的情况下出现在《准则》非加入国，母国国家联络点将采取步骤了解相关问题。虽然不一定总能获得所有相关信息，也不一定能将所有相关方召集到一起，但国家联络点仍有可能进行调查并开展其他事实调查活动。这类步骤的例子可包括与企业在母国的管理层联系，并酌情与派驻非加入国的使馆和政府官员联系。

- 与东道国法律、条例、规则和政策的冲突可能使《准则》在具体情况下的有效实施比在加入国更为困难。正如“一般性政策”一章的评注所指出的，虽然《准则》在许多情况下超越了法律，但它不应该也无意将企业置于面临相互冲突的要求的境地。
- 必须告知有关各方在非加入国中实施《准则》的固有限制。
- 还可在国家联络点会议上讨论与非加入国在《准则》方面有关的问题，以增强处理在非加入国中出现的情况的相关知识。

指示性时间框架

51. 具体事例程序包括五个不同阶段：

1. 协调：在相关情况下，根据收到的具体实例的特征与其他国家联络点协调，以确定牵头国家联络点。确定牵头国家联络点和支持国家联络点的初步协调安排应在两个月内完成。
2. 初步评估并决定是否提供斡旋以协助各方：国家联络点应争取在确定牵头和支持国家联络点后的三个月内完成初步评估，尽管可能需要更多时间来收集或翻译做出知情决定所需的信息。
3. 协助各方努力解决提出的问题：如果国家联络点决定提供斡旋，则应努力促进问题的及时解决。国家联络点应认识到，通过斡旋（包括调停和调解）取得的进展最终取决于相关各方，因此应在与各方协商后，为各方讨论解决所提出的问题设定合理的时间框架。如果双方未能在这一时限内达成协议，国家联络点应与双方协商继续向双方提供援助的价值；如果国家联络点得出结论认为继续该程序不可能取得成效，则应结束该进程并着手编写一份声明。
4. 程序结束：国家联络点应努力在程序结束后三个月内发表声明。
5. 后续行动：国家联络点可在与各方协商后自行决定任何后续行动的时间表。

52. 作为一般原则，国家联络点应努力在收到具体事例到结束程序的 12 个月内（如果需要协调确定牵头国家联络点，则为 14 个月）完成程序。认识到，如果情况需要，这一时限可能需要延长。这些情况包括但不限于：问题出现在非加入国；具体事例涉及多个企业、多个提交者和多个国家联络点；或需要翻译。每当在处理具体案件时预计或遇到延误时，国家联络点应及时向各方通报情况，使程序保持可预见性。国家联络点可根据其案件处理程序，决定公开发布案件的最新进展情况。

向负责任商业行为工作组和投资委员会报告

53. 提交报告是国家联络点的一项重要职责，也有助于建立知识库和核心能力，以提高《准则》的有效性。因此，国家联络点将向负责任商业行为工作组及投资委员会提交年度报告，以便在《经合组织准则年度报告》中纳入有关加入国处理的所有具体事例的信息。负责任商业行为工作组将向投资委员会提供对国家联络点年度报告的分析，以纳入《准则》年度报告。国家联络点年度报告应包括“协调”、“初步评估”、“斡旋”、“结论”或“后续行动”中的具体内容。在报告具体实例的实施活动时，国家联络点将遵守程序第 I.C-6-7 款及其案件处理程序中规定的透明度和保密考虑因素。

支持政府努力促进负责任的商业行为

54. 决定承认，国家联络点可酌情并在与相关政府机构达成一致的情况下，在促进负责任的商业行为的政府政策和计划的制定、管理和协调方面提供支持。特别是，国家联络点可以支持与《准则》保持一致的任何努力，有助于维护《准则》以及经合组织的其他文书和源于《准则》的指南，如经合组织尽责管理指南，作为负责任商业行为国际标准的地位。

55. 国家联络点可根据具体情况，通过多种方式支持政府努力制定、实施和促进政策的一致性，以促进负责任的商业行为。首先，鼓励国家联络点向相关政府机构通报情况，分享其声明和报告以及其他数据、调查和见解，如果国家联络点了解这些声明和报告与特定机构的政策和计划（如贸易倡议、经济外交或其他对企业的支持和服务）相关的话。其次，加入国认识到，让其国家联络点参与制定和实施政策或计划是有益的，例如关于负责任的商业行为和/或商业与人权的国家行动计划。这一规定并不改变《准则》的自愿性质，国家联络点提供或要求国家联络点提供的任何支持都应考虑到其能力和优先事项，不应减损其履行决定和程序中所述责任的能力。

II. 投资委员会、负责任商业行为工作组和秘书处程序评注

56.　理事会的决定中的程序为委员会、负责任商业行为工作组和秘书处履行其职责提供了更多指导，包括

- 高效及时地履行职责。
- 考虑国家联络点提出的援助请求，包括在具体情况下就《准则》的解释提供说明、指导和信息。
- 就国家联络点的活动交换意见。
- 提供向国际合作伙伴和专家寻求建议的可能性。

57.　由于《准则》不具约束力，委员会不能充当司法或准司法机构。国家竞争委员会的结论和声明（对《准则》的解释除外）也不应通过提交委员会而受到质疑。“决定”本身保留了委员会不对个别企业的行为作出结论的规定。

58.　秘书处和负责任商业行为工作组会将考虑国家联络点的援助请求，以便在既有的具体情况下，对《准则》的解释产生疑问。在这种情况下，国家联络点应首先与秘书处联系，了解类似情况下对《准则》的解释。如果没有此类信息或此类信息不足以帮助国家联络点，或者秘书处无法帮助国家联络点，国家联络点可寻求负责任商业行为工作组的指导。此类请求将以保密方式处理，并在资源允许的情况下从速处理。为加快处理指导请求，负责任商业行为工作组可组织特别会议或成立分组，以回应此类请求。在这种情况下，负责任商业行为工作组将制定分组应遵循的程序。秘书处提供的信息和负责任商业行为工作组的指导是保密的、针对具体情况的和咨询性的。秘书处将定期向负责任商业行为工作组报告，负责任商业行为工作组也将定期向委员会报告导致要求提供信息和指导的问题以及所提供的答复，并适当考虑保密性。如果负责任商业行为工作组认为需要对《准则》的解释进行澄清，它将邀请国家联络点根据程序第 II.2.c)款要求委员会进行澄清。

59.　根据程序第 II.2.c)款澄清对《准则》的解释，仍是委员会的一项重要职责，以确保对《准则》的解释不会因国而异。加入国、咨询机构（BIAC 或 TUAC）或 OECD Watch 均可提出澄清请求，包括国家联络点是否正确解释了《准则》或委员会之前在已结束的具体事例中的解释。委员会的澄清将由负责任商业行为工作组在秘书处的支持下，根据委员会确定的程序编写，并在经合组织网站上公布。投资委员会在发布澄清时不会对单个企业的行为做出结论，国家联络点也不会因澄清而重开具体事例。

60.　在讨论国家联络点的活动时，委员会可根据需要提出建议，以改善包括有效执行《准则》的工作表现，并解决国家联络点无法运作的任何情况。特别是，委员会可根据国家联络点最近两个年度报告周期和负责任商业行为工作组的建议，认定国家联络点在很长一段时间内，在没有正当理由的情况下，明显没有按照程序运作。这种结论的依据可能是，例如，一再未能分配履行国家联络点基本职责所需的资源，机构安排明显不足，缺乏任何宣传活动，在处理具体事件时一再出现严重不当拖延，或缺乏报告。然后，委员会可向国家联络点所在国提出建议，并请其在规定时限内报告执行情况，如果报告不能使委员会确信国家联络点的运作符合程序的规定，委员会还可提出进一步建议。委员会可要求秘书处协助加入国落实这些建议。与国家联络点有关的加入国应本着诚意参与该进程，并应加入协商一致，除非有特殊情况。

61.　委员会还将审议某个加入国、某个咨询团体（BIAC、TUAC）或 OECD Watch 就某个国家联络点在某些具体情况下没有履行《准则》职责方面所提出的意见和材料。负责任商业行为工作组在秘书处的支持下，根据委员会规定的程序进行答复。答复将以协商一致方式通过。被提请的国家联络点应本着诚意参与这一进程，除非特殊情况下，否则应加入协商一致。委员会在作出决定之前，将给予有关被提请的加入国陈述其意见的机会，委员会可邀请加入国在答复后十二个月内报告任何建议的执行情况。

62.　为了就《准则》涵盖的事项与《准则》非加入国进行接触，委员会可邀请感兴趣的非加入国参加其会议、年度企业责任圆桌会议以及以及与负责任的商业行为具体工作项目有关的会议。

63.　最后，委员会和负责任商业行为工作组可以邀请专家就更广泛的问题（如童工或人权）或个别问题发表意见并提交报告，或者提高程序的有效性。为此，委员会可以请经合组织内部专家、国际组织、咨询团体（BIAC、TUAC）、OECD Watch、非政府组织、学术界和其他方面的专家参与。明确理解到，这不会成为解决个别问题的小组。

www.ingramcontent.com/pod-product-compliance
Lightning Source LLC
LaVergne TN
LVHW082051051026
849532LV00011B/3564
* 9 7 8 9 2 6 4 4 9 5 1 6 6 *